Dobar dan!

Die Piste, die von Premantura aus zu Istriens Süd-spitze, dem Kap Kamenjak, führt, ist extrem holp-rig. Dennoch ist an diesem schönen Septembertag eine ganze Karawane von Fahrzeugen in dem Na-turschutzgebiet unterwegs. Aber welch Überra-schung: Kurz nachdem wir das Auto abgestellt und einige hundert Meter zu Fuß gegangen sind, haben wir die herrliche Küstenlandschaft für uns allein.

DAS BLAUE UND DAS GRÜNE ISTRIEN

Natürlich gibt es auch in Istrien verbaute Küsten-zonen, doch vielerorts auch herrliche und zumin-dest außerhalb der Hochsaison einsame Buchten und Strände. Und das grüne Hinterland fasziniert ohnehin durch ganz viel Natur, Olivenbaumhaine und mit Reben bepflanzte Flächen. Auf den schma-len Landsträßchen kommt nur selten ein Auto ent-gegen. Auf manchen Bergkuppen wachen hübsche Dörfer, die mit ihrer Bebauung an vergangene Zei-ten erinnern. Viele alte Steinhäuser wurden zu komfortablen Ferienhäusern umgebaut, andere fungieren heute als Konoba.

ESSEN FÜR FEINSCHMECKER

Kennen Sie nicht? Müssen Sie kennenlernen! Einige dieser Landgasthäuser haben Feinschmecker-niveau, andere bieten eine einfache schmack-hafte Küche. Daniela Schetar, Autorin dieses Du-Mont Bildatlas, erzählte mir, dass sie und ihr Mann Friedrich Köthe eher zufällig in der schlichten Konoba Lucijana (in Brtoniglia) gelandet waren. Die sehr energische Wirtin empfahl ihnen Gulasch mit Njoki. Es wurde das beste Gulasch ihres Le-bens, sagt unsere weitgereiste Autorin. Kein Fein-schmeckerlokal hätte sich damit messen können. Ich wünsche Ihnen viele interessante Begegnun-gen und Entdeckungen in Istrien!

Ihre

Birgit Borowski
Redaktion DuMont Bildatlas

»IN ISTRIEN IST DIE ADRIA KEIN MEER DER GEGENSÄTZE, SONDERN DER VIELFALT.«
UWE RADA

Das Autorenteam und Ehepaar Daniela Schetar und Friedrich Köthe ist regelmäßig in Istrien unterwegs und wohnt am liebsten im grünen Hinterland. Von der hervorragenden Küche der Region ist auch der Fotograf Frank Heuer begeistert – hier testet er einen Sauvignon Blanc im Restaurant der Stancija Meneghetti (in Bale).

94

Inselhopping in der Kvarner Bucht führt zu malerischen Landschaften und hübschen Küstenorten wie hier Mali Lošinj.

58

Das Amphitheater in Pula zeugt vom einstigen römischen Herrschaftsanspruch.

72

Istrien ist eine multikulturelle Gesellschaft, in der man seine Tradition(en) pflegt.

50

In Istriens Wäldern wachsen Weiße und Schwarze Trüffel.

Das Beste erleben

Berührend, aufregend und spannend …
sind unsere Ideen, die wir für Ihren Aufenthalt in Istrien und der
Kvarner Bucht zusammengetragen haben.

Dramatische Natur

* 1 *
HÖHLEN VON ŠKOCJAN

Das von der UNESCO in die Liste des
Weltkultur- und Naturerbes der Menschheit
aufgenommene Höhlensystem begeistert
mit seiner dramatischen Natur und den die
Fantasie anregenden Tropfsteinskulpturen.
Seite 33

Atmosphäre pur

* 2 *
PIRAN

Das romantische Städtchen auf seiner
schmalen Landzunge verbindet historische
Architektur mit jungem Lifestyle.
Seite 34

* 3 *
BRIJUNI-INSELN

Zuerst entdecken Sie Veli Brijuns Natur-
und Kulturschätze mit dem Fahrrad,
danach genießen sie einen entspannten
Abend im hübschen Fažana.
Seite 75

10

* 4 *
GROŽNJAN

Kunst und Musik erfüllen die Gassen
des mittelalterlichen Bergstädtchens mit Leben:
ob zu wohlgesetzten Tönen bei klassischen
Konzerten, freier Improvisation beim Jazzfestival,
in den vielen Galerien und Ateliers sowie dem
alljährlichen Künstlertreffen Ex Tempore.
Seite 56

* 5 *
LOVRAN

Weitläufige Parks und vornehme, sich
zwischen Edelkastanien und Lorbeer verbergende
Villen lassen die goldene Ära des beliebten
k.u.k.-Seebads wieder lebendig werden.
Seite 91

* 6 *
OPATIJA

Auch ohne Gehrock und Krinoline fühlen
sich Spaziergänger auf der Franz-Joseph-
Promenade im nostalgischen Seebad Opatija
zurückversetzt in Kaisers Zeiten: Die
gesamte Stadt scheint im Walzerryhtmus
zu schwingen.
Seite 91

Große Kunst

* 7 *
POREČ

Traumhafte Badebuchten säumen
den beliebten Ferienort, dessen
Basilika Besucher mit den Anfängen des
Christentums konfrontiert.
Seite 55

* 8 *
ROVINJ

Venezianische Architektur und mediterranes
Savoir-vivre, Künstlerflair und eine Heilige
als Wetterprophetin vereinen sich in dieser auf
einer pittoresken Halbinsel gelegenen Stadt.
Seite 56

* 9 *
KRK-STADT

Auf den Spuren des ältesten kroatischen
Fürstengeschlechts und seiner faszinierenden
Festungs- und Kirchenbauten.
Seite 111

* 10 *
RAB-STADT

Rabs malerisch an der Südwestküste des
Eilands gelegene Inselhauptstadt lockt mit einem
romantischen Kirchturm-Panorama.
Seite 113

URBANES WASSERSCHLOSS

Zu den schönsten Ansichten Istriens gehört
das scheinbar auf dem Meer schwimmende Bilder-
buchensemble der Altstadt von Rovinj. Manche
fühlen sich dabei an ein Wasserschloss erinnert, das
sich beim näheren Hinsehen aus den bunten
Fassaden schmaler hoher Häuser zusammensetzt,
die bis an die Uferkante reichen.

MAGISCHES HINTERLAND

An die Ideallandschaften der Renaissancemaler erinnert diese Aufnahme des über dem Mirna-Tal emporragenden Bergstädtchens Motovun.

TAG AM MEER

Wo Urlaubsträume wahr werden: Die reich
gegliederte Küste im Südwesten der Insel Krk wird
gern von Booten angesteuert, denn hier kann man
in manchen Buchten noch wunderbar ein- bzw.
zweisam sein, um sonnentrunken und voller
Lebenslust den Tag am Meer zu genießen.

ALLES FRISCH

Die Marktfrauen in der direkt am Hafen von
Mali Lošinj, dem urbanen Zentrum der Insel
Lošinj, errichteten Halle haben gut lachen –
Einheimische wie Touristen wissen ihr
Angebot gleichermaßen zu schätzen.

SYMBOL DER BEFREIUNG

Auf dem Freiheitsplatz (Trg Slobode) in Rab-Stadt wurde Im 16. Jahrhundert die St.-Justina-Kirche (Sv. Justina) errichtet. 1921 pflanzte man eine Steineiche als Symbol der Befreiung von der italienischen Besatzung.

BLAUE STUNDE

Glücklich schätzen kann sich, wer in der Altstadt von Rovinj den Sonnenuntergang genießen darf: idealerweise direkt am Meer auf den Felsen sitzend vor der Cocktail & Champagner Bar mit dem vielversprechenden Namen Valentino. Nicht zufällig wird dieser Ort als „Mekka für Verliebte" und als „Pilgerstätte für Romantiker" gepriesen.

Strände mit und ohne Party

SOMMER, SONNE, (PARTY-)STRAND

Sandstrand ist Mangelware, aber Baden am Felsstrand ohnehin viel schöner, denn die Sicht auf die Landschaften und Lebewesen unter Wasser ist einfach phänomenal. Die meisten Strände in Istrien und an der Kvarner Bucht sind naturbelassen; bestenfalls helfen Betonplattformen und Leitern beim Weg ins Meer. Da es (theoretisch) keine Privatstrände gibt, können Sie überall baden.

2 Kiesbucht mit Aussicht

Nahezu senkrecht steigen die Küstengebirge Ostistriens aus dem Meer. Hoch oben thront wie ein Adlernest das mittelalterliche Brseč, irgendwo darunter, nur über einen steinigen Fußweg erreichbar, öffnet sich der Fels zur kleinen, blendend weißen Kiesbucht Klančac. Alles, was Sie für einen Badetag benötigen, müssen Sie mitbringen; eine Infrastruktur mit Restaurant, Sonnenschirmverleih und dergleichen mehr gibt es hier nicht. Aber das ist ja gerade das Schöne.

Plaža Klančac, unterhalb von Brseč zwischen Brestova und Mošćenička Draga, Fußweg ca. 100 Höhenmeter bergab

3 Der Mondäne

Der Mulini Beach in Rovinj wurde von dem namhaften Architekten Joao Morgado gestaltet. In Rauten und Dreiecken stufenförmig verlegte Platten und Natursteinmauern verhüllen die scharfkantigen Uferfelsen; in der kleinen Lonebucht am Übergang zum Naturpark Punta Corrente wurde ein Kiesstrand aufgeschüttet. Steintreppen und Leitern führen ins Meer, komfortable Sonnenliegen und Schirme gibt's gegen Gebühr. Tagsüber ist Mulini Beach ein schicker, lebhafter Strand, abends verwandelt er sich in eine entspannte Beach-Lounge mit DJ-Sounds.

Mulini Beach, unterhalb der Hotels Lone und Monte Mulini, Rovinj

1 Aloha Verudela

Weißer Kies, links und rechts gestaffelte Felsen, voraus Türkisblau. Allerdings fehlen die Palmen – warum heißt dieser Strand in der Principa-Bucht bei Pula-Verudela dann „Havajka", die Hawaiierin? Nun, das Strandidyll wird ab und an von einer ziemlich heftig anbrandenden See mit hohen Wellenbergen bedrängt, aber ein beliebter Freizeitspaß an diesem hauptsächlich von jungen Leuten besuchten Strand ist das Springen von den Klippen.

Havajka auf der Halbinsel Verudela

4 Das istrische Acapulco

Zugegeben, die Felsen an der Bucht Velika Kolombarica sind keine 35 m hoch wie die in der mexikanischen Hochburg des Klippenspringens, aber so knapp zehn Meter sind ja auch eindrucksvoll. Auf der Halbinsel Kap Kamenjak gibt es eine Vielzahl kleiner und großer Felsbuchten, in denen man einen langen Sommertag verträumen kann, aber nur in der Velika Kolombarica übt sich die örtliche Jugend in mal mehr, mal weniger artistischen Sprüngen von den Uferfelsen ins Meer. Irgendwann ist dann der Ehrgeiz geweckt, und man möchte es selbst versuchen. Wobei es einem allerdings schon ganz schön mulmig werden kann, wenn man dann so am Rand der Klippe steht – ein Zurück gibt es aber nicht, die Jugend guckt zu! Auch das Schnorcheln wird hier zum Erlebnis: In der Kolombarica-Grotte, nur unter Wasser zugänglich, halten sich manchmal Mönchsrobben auf.

Velika Kolombarica, Halbinsel Kamenjak, Zutritt für Fußgänger und Radfahrer kostenlos; für Autos gegen Mautgebühr

⑧ Der perfekte Ferientag

⑦ Entspannung und Sport unter Pinien

⑨ Paradiesische Zustände auf Rab

⑤ Für Kiddies und Paddler

⑥ Bucht mit Kehrseite

Sand! Sand! Sand! Nicht ganz so fein und pudrig, aber es ist ein Sandstrand. Kein künstlich aufgeschütteter, sondern ein echter, etwas mehr als einen Kilometer lang, und der Sand setzt sich auch im Wasser fort. Für Istrien eine sehr ungewöhnliche Küstenlandschaft, für Familien mit Kindern oder gehbehinderte Urlauber ein Paradies. Entsprechend gut besucht ist der Strand Bjelica bei Medulin. Was lässt sich hier nicht alles anstellen! Sandburgen bauen, Väter vergraben, ohne Badeschuhe im Wasser plantschen … oder Standup Paddling lernen. Wer hier vom Brett fällt, landet weich, und die Bucht liegt gut geschützt.

Plaža Bijeca, Medulin, beim Autocamp Medulin, Restaurant, Bootverleih, Wasserrutschen

Gehen Sie in sich! Natürlich sieht die Bucht von Sv. Ivan unterhalb des Dorfes Lubenice auf der Insel Cres einfach verführerisch aus. Ein weißer Halbmond, eingerahmt vom Grau der Felsen und dem Türkis des Meeres. Also nichts wie hinuntergeklettert, 358 Höhenmeter. Aber Sie müssen auf dem gleichen Weg wieder hinauf! Das dauert etwa 45 Minuten, am Ende eines faulen, heißen Strandtages, und steil ist es auch. Aber wenn Sie sich's zutrauen, dann gibt es auf dem ganzen Kvarner Archipel nichts Schöneres als diese Bucht mit dem Blick ins tiefe Blau. Übrigens gäbe es da noch die Option mit dem Taxiboot von Martinšćica aus. Aber das wäre wohl ganz und gar politisch unkorrekt!

Uvala Sv. Ivan, Lubenice, Insel Cres

Aus der Luft betrachtet sieht die Čikat-Bucht an der Westküste der Insel Lošinj aus, als hätte ein Riesendinosaurier hier seinen Fußabdruck hinterlassen. Die Ausbuchtungen seiner drei Zehnen bilden innerhalb der geschützten und in aromatisch duftende Pinienwälder eingebetteten Bucht kleine Nebenarme, in denen das Wasser noch ruhiger, die Atmosphäre noch entspannter ist. Hier ist Elmar Vogels Reich. Der passionierte Windsurfer hat mit einer Surfschule begonnen und sie mit Radverleih, Katamaranen und Kajaks zu einem kleinen Activity-Zentrum ausgebaut. Wer weniger sportorientiert ist, kann sich entspannt im Liegestuhl zurücklehnen, Meer und Sonne sowie die nervenberuhigend wirkenden Düfte der Pinien genießen.

Čikat-Bucht, Lošinj, Windsurf-, Katamaran- oder SUP-Kurse bei Surfschule Sunbird. www.sunbird.de

Die Riviera von Crikvenica liegt zwischen dem Küstengebirge und der Insel Krk gut behütet vor Strömungen und heftigen Borastößen. Eine üppige, subtropische Vegetation profitiert davon, und der schroffe Uferfels säumt hier, zu feinem Kies zermahlen, die Küstenlinie. Unter den vielen Kiesstränden der Riviera gefällt uns das städtische Bad Gradsko kupalište besonders gut. Man badet sozusagen im Stadtzentrum, nur durch einen schattigen Kiefernwald getrennt vom Alltag Crikvenicas. Das Bad ist eines der wenigen, in denen Eintritt verlangt wird. Dafür profitieren die Sonnenanbeter von bester Infrastruktur, was Sport, Kulinarik und nächtliche Partys angeht. Und weil das Meer hier sehr flach ist, wird im Wasser gelegentlich *picigin* gespielt, eine sehr unterhaltsame kroatische Mischung aus Beachvolley- und Handball.

Gradsko kupalište, Crikvenica, www.rivieracrikvenica.com, Eintritt um 3 Kuna

Wir schätzen die Insel Rab sehr, doch Lopar im Norden ist nur eine Ansammlung von Ferienhäusern und Hotels mit wenig Atmosphäre. Dass wir dennoch immer wieder dort landen, liegt am etwa 2 km langen Paradiesstrand, Rajska plaža. Wenn man viel an kroatischen Felsenstränden gebadet hat, schätzt man dieses Stückchen sandiger Küste mit dem davor dümpelnden Inselchen. Übrigens sind viele weitere Strände rund um die Halbinsel Lopar Sandstrände (fast alle FKK), aber der Paradiesstrand punktet nicht nur mit Sand, sondern auch mit dem sehr angenehmen Schatten knorriger Pinien und einer guten Infrastruktur. Wenn uns der Rummel am Strand zu groß wird, schwimmen wir einfach die 600 m hinüber zur Insel Lukovac und suchen uns dort eine Privatbucht.

Rajska plaža, Lopar, Insel Rab

slowenisches Istrien

*

MEDITERRANE WELT EN MINIATURE

*

Mit drei venezianischen Puppenstubenstädtchen, einem atemberaubend kühnen Höhlensystem, mittelalterlichen Kirchenfresken und der berühmtesten Pferdezucht der Welt vereint der slowenische Teil der Halbinsel Istrien eine geballte Dosis Attraktionen an seiner nur 46 Kilometer kurzen Küstenlinie.

Blick auf den Hafen von Izola und die auf einer ehemaligen Insel (daher auch der Name) gelegene Altstadt.

Im Stadtkern von Piran sind viele Baudenkmäler zu entdecken, die südliche Strandpromenade, vom kleinen Hafen bis zur Spitze der Landzunge, säumen zahlreiche Restaurants.

Blick vom Kirchturm auf den Tartini-Platz in Piran mit dem Denkmal von Giuseppe Tartini (1692–1770), der sich als Geigenvirtuose und Komponist (etwa der Teufelstrillersonate) einen Namen machte.

Wohin des Wegs? Möglichkeiten gibt es viele: Piran ist – in der Eigendarstellung des Tourismus-
büros – Theaterstadt, Museumsstadt, Konzertstadt, Ausstellungsstadt und … Verführungsstadt.

Ein kluger Kopf hat einmal errech-
net, dass Slowenien doppelt so groß
wäre, zählte man seine Höhlen-
systeme dazu. Von den Kroaten werden
die Slowenen gerne als „Preußen des Bal-
kans" bezeichnet, weil sie so pedantisch
auf Ordnung achten. Edi Polh, der uns
durch das von der UNESCO zum Welterbe erklärte Höhlensystem von Škocjan
begleitet, macht diesem Klischee alle
Ehre: Während er vom Kassenbereich
zum Einstieg in die kaum bekannte Mo-
horčic-Höhle vorangeht, sammelt er akri-
bisch selbst winzigste Papierfitzel auf,
die weniger umweltbewusste Besucher
zwischen duftendem Rosmarin, gelben
Aurikeln und wuchernden Hirschzungen-
genfarnen haben fallen lassen. Buchen
und Kastanien beschatten den Weg, der
sich entlang des Abbruchhangs in die
Höhlentiefe hinunterwindet. Wir steigen
durch einen eingestürzten Trichter ab,
ein typisches Karstphänomen. Das Wasser, das Mensch und Natur oben fehlt,
gräbt sich so lange durch das poröse
Kalkgestein, bis die Decke einer so ent-
stehenden Höhle einbricht. *Vrtača* nennen das die Slowenen, wenn der Trichter
klein und steil ist, *dolina*, wenn durch
den Einsturz ein weites Tal entsteht –
eine Doline wie hier in Škocjan, mit 165
Meter hohen Wänden.

Durch einen hohen Spalt betritt Edi als
Erster die Unterwelt, durch die das Rauschen des Flusses Reka hallt. Wir folgen
dem Wasserlauf, der sich mal unter
freiem Himmel, dann wieder unterirdisch
seinen Weg bahnt und im brüchigen Gestein Kanäle und Schächte formt. Irgendwann wird es zu einer weiteren Doline
kollabieren. Wir vermeinen, die Kräfte
der Erosion buchstäblich wirken zu sehen. Von hier, wo der Fluss sich strecken-
weise im Tageslicht zeigt, ehe er wieder
in seine Höhlenfinsternis zurückkehrt,
wurden die Höhlen von Škocjan ab Anfang des 19. Jahrhunderts erforscht.

Berühmter noch als dieser Teil des
Höhlensystems ist jedoch die eigentliche
Grotte mit ihren die Fantasie anregenden
Tropfsteinskulpturen und den schwindel-
erregenden Brückenstegen, die in rund
100 Metern Höhe über dem Canyon der
Reka folgen. Die Decke, von der es stetig
tropft, ist im spärlichen Licht der weni-
gen Lampen nur zu erahnen; auch den
Boden mit dem tobenden Fluss ver-
schluckt ein tiefes Schwarz. Noch auf der
Fahrt vom Karstplateau hinab in das bis

zu 300 Meter tiefer gelegene Küstenland
wirkt der Besuch nach.

BRÖCKELNDE ELEGANZ

Im slowenischen wie im kroatischen Istrien siedelten die Menschen in unruhi-
gen Zeiten gerne auf vorgelagerten Inseln, so auch in Piran, Izola und Koper,
den drei venezianisch geprägten Städtchen an Sloweniens Küste. Von Kopers
Insel ist allerdings nichts mehr zu sehen,
denn in der jugoslawischen Ära wurde
der flache Isthmus zum Festland trocken-

IN UNRUHIGEN ZEITEN SIEDELTEN DIE MENSCHEN IN ISTRIEN GERN AUF VORGELAGERTEN INSELN.

gelegt. Heute trennt nicht das Meer, sondern eine große Frachtcontainer- und In-
dustriezone die Altstadt vom Hinterland.
Sloweniens einziger Handelshafen macht
jenem von Triest Konkurrenz, die Neustadt spiegelt den damit erwirtschafteten
Wohlstand in den Fassaden futuristischer Einkaufszentren und Megastores.
Kopers historisches Zentrum hingegen
leidet unter dem Wirtschaftsboom: Es
modert hinter dem Ring aus Glas und
Beton vor sich hin. Spätgotischer Putz

Über die Bucht von Strunjan hinweg blickt man auf
die sich im Hintergrund erhebenden Alpen.

Stadt, Strand, See(promenade): Zum Sunset
auf einen Sundowner in Piran.

Die Mestna galerija in Piran zeigt Skulpturen
aus der Sammlung des Museums Lendava.

Am Titov trg in Koper: Wie wär's mit einem Cappuccino in der Renaissanceloggia mit Blick auf den venezianischen Prätorenpalast und die elegante Domfassade?

Mittelalterliche Fresken in Hrastovlje

Special

Tänzchen mit Gevatter Tod

....

Zwischen dem 11. und dem 16. Jh. verwandelten sich die Innenräume von Istriens Kirchen in Bilderlesebücher für die Landbevölkerung.

Eine der imposantesten Darstellungen ist der „Totentanz" in der Dreifaltigkeitskirche von Hrastovlje. Der Bilderzyklus sollte den des Lesens unkundigen Gläubigen die wichtigsten Ereignisse des Alten und Neuen Testaments nahe bringen, Genesis, Passion, Paradies und Hölle. In Hrastovlje schmückte Meister Janez (Johannes) aus Kastav zudem die Decke von linkem und rechtem Seitenschiff mit einer Darstellung der Monate und der jeweils anfallenden landwirtschaftlichen Arbeiten. Sein ganzes Talent aber zeigt sich in dem sieben Meter langen Totentanzfresko an der Südwand, dessen Ausführung

Totentanzfresko (um 1490) in der Dreifaltigkeitskirche.

stilistisch bereits in die beginnende Renaissance verweist: Elf Personen, vom Bettler bis zum König, tänzeln bei dieser mittelalterlichen Polonaise Hand in Hand mit furchteinflößenden Totengerippen auf ein offenes Grab zu.

Plastisch sind die unterschiedlichen Stände abgebildet, drastisch sieht man die Todgeweihten klagen, jammern oder mit ihren Statussymbolen winken. Doch es hilft nichts – vor dem Tod sind alle Menschen gleich.
Besichtigung: tgl. 9.00–17.00 Uhr oder unter Tel. 031/43 22 31

bröckelt, Renaissancefresken verblassen, aus leeren Biforienfenstern bricht frisches Grün, und Ladengeschäfte stehen leer. Nur die vielleicht schönste Piazza der nördlichen Adria, der Titov trg, lässt erahnen, wie vornehm Koper einmal gewesen sein muss. Ein Cappuccino in der Renaissanceloggia mit Blick auf den venezianischen Prätorenpalast und die elegante Fassade des Doms mit seinem schlanken Campanile gehört deshalb in jedem Fall zum Pflichtprogramm. Und vielleicht haben Kopers Stadtväter ja bald ein Einsehen und folgen dem Beispiel ihrer Kollegen aus dem benachbarten Izola. Diese vermieteten die leerstehenden Häuser preiswert an Künstler, und die Altstadt blühte auf. Galerien, Lädchen, Weinlokale beleben die schmalen Gassen; am Mandrač, dem Hafenbecken, treffen sich Alt und Jung abends zum Corso.

SALZHÄNDLER UND SCHÖNE DAMEN

Piran, 18 Straßenkilometer weiter, lebte früher von Salz. Wie Koper und Izola war es seit 1279 Venedig untertan. Es hatte das Weiße Gold, das in den beiden Salinen nördlich und südlich der auf einer Halbinsel gegründeten Stadt gewonnen wurde, bei den Dogen abzuliefern, verdiente aber bestens daran, wie die hübschen Paläste in der Altstadt und rund

UNESCO-Welterbe: In den Höhlen von Škocjan bahnt sich der
Fluss Reka einen Weg durch den Karst.

Izola – hier mit den Cafés am Manziolijev Trg in der Altstadt – wurde dank seiner Nähe
zum später mit einer Steinbrücke verbundenen Festland schon früh besiedelt.

Über die Einsturzdoline fällt der Blick auf das Dorf Škocjan, nach dem das darunterliegende Höhlensystem benannt ist.

Strandleben bei Izola: Es irrt der Mensch, solang er strebt – weshalb er mal besser baden geht.

um den Tartini-Platz erzählen. Einen so eleganten Palazzo wie das Eckhaus mit spätgotischen Fenstern und einem zierlichen Eckbalkon würde man eher in Venedig als hier in der Diaspora erwarten, denn nichts anderes war Istrien damals für die venezianischen Statthalter. *Benečanka*, die Venezianerin, nennen die Piraner den Bau und behaupten, ein reicher Kaufmann habe darin seine venezianische Geliebte ausgehalten.

Ob sie wohl öfter hinaufstieg zur Kirche Sv. Jurij auf dem Bergrücken über der Altstadt? An klaren Tagen, wenn der Fallwind Burja, in Kroatien *Bora* genannt, von Nordosten heranbrausend die Luft klar und rein wie Glas macht, hätte sie die Lagune ihrer Heimatstadt sehen können, dahinter die majestätischen Dolomiten und die schneebedeckten Gipfel der Karnischen Alpen. Zu Füßen dieses grandiosen Aussichtspunkts schiebt sich Pirans Altstadt auf ihrer Landzunge wie ein Schiffsbug hinaus ins Blau der Adria. Cafés und Restaurants säumen hier die Uferpromenade, in den Gassen dahinter schleichen Katzen um die Fischhalle herum auf der Suche nach Futter.

IM ROSENHAFEN

Wie sah es zu Beginn des 20. Jahrhunderts wohl aus, dieses Seebad Portorož oder *Portorose*, wie Österreicher und Italiener es nannten, wenn sie am Meer entlangpromenierten und im Palace Cur Hotel einkehrten auf eine Wiener Melange? Der historische Palast ist auch heute noch Mittelpunkt des lebhaften Seebads; ein Mittelpunkt allerdings, dessen elegante Fassade heute Mühe hat, sich zwischen den modernen Hotelbausünden zu behaupten. Doch dieser ästhetische K.-o.-Schlag für das nostalgische Seebad stört die wenigsten Sommerfrischler, denn Portorož hat etwas, das allen anderen Badeorten an Istriens Westküste fehlt: einen (wenngleich nur künstlich aufgeschütteten) Sandstrand. Wer braucht da schon ein intaktes Stadtbild? Und: Das malerische Piran liegt ja nur wenige hundert Meter entfernt.

Das weiße Gold

SALZBLÜTEN UND MEERESSPARGEL

Jahrhundertelang lebten Pirans Salzarbeiter zwischen St. Georg und St. Bartholomä in den Steinhäusern der Salinen von Sečovlje, um in mühevoller Handarbeit das kostbarste Salz der östlichen Adria zu ernten.

Entlang der Verdunstungsbecken wuchert eine Pflanze mit dem wissenschaftlichen Namen Salicornia wie Unkraut.

S alz ist das Meer, das nicht zum Himmel zurückkehren konnte, sagt ein slowenisches Stichwort. Das klingt poetisch, doch auf den ersten Blick gibt es kaum etwas Öderes als diese Salinen an der Grenze zu Kroatien. Flaches, gräulich-braunes, in der Hitze flirrendes Land, ein paar niedrige Häuser, hier und da ein brackiges Wasserbecken, einige Vögel, ein Kanal, auf dem ein Boot dümpelt. Weit draußen blitzen weiße Pyramiden in der Sonne auf, Männer mit breitkrempigen Hüten bewegen sich, von der flimmernden Luft in Schattenwesen verwandelt, zwischen abgezirkelten Becken. Ihre Rechen ziehen im gleichförmigen Rhythmus vor und zurück. Mit einem Schrei steigt ein Seidenreiher aus dem Binsengürtel und erhebt sich in die Lüfte. Der Wind treibt Salzwirbel vor sich her.

VON HAND GESCHÖPFT

Für Desire Joras ist dieses karge und zugleich faszinierende Bild Alltag. Sie arbeitet für den Naturpark, der in der aufgelassenen, *Fontanigge* genannten Hälfte der Salinen von Sečovlje eingerichtet wurde und zu den Ramsar-Feuchtgebieten zählt. Die meisten Vögel, Pflanzen und Kleinstlebewesen hier kennt sie beim Namen. Sie sichtet Etruskerspitzmäuse und Salinenkrebse, Stelzenläufer, Silberreiher; und sie weiß, wann im Spätherbst durchziehende Flamingoschwärme die Salinen rosa färben. Desires eigentlicher Stolz aber gilt der Salzgewinnung.

Am 23. April, dem Tag des hl. Georg, beginnen die Salzarbeiter damit, in Handarbeit die 22 Verdunstungsbecken zu präparieren. Sie leiten Wasser dorthin, wo es gebraucht wird, und prüfen die Zusammensetzung der *Petola*, einer dünnen, aus Mineralien und Mikroorganismen bestehenden Biosediment-Schicht, die für die Qualität des Salzes verantwortlich ist. Bildet sich ein erster jungfräulicher Kristallfilm auf dem Meerwasser – die kostbare Salzblüte –, wird er vorsichtig abgeschöpft. Sobald dann alles Wasser verdunstet ist, harken sie das Weiße Gold zu glitzernden Hügeln. Am 24. August, dem Tag des hl. Bartholomäus, ist die Arbeit beendet, und das Meer hat 5000 Tonnen handgeschöpften Salzes freigegeben.

Ein edles Produkt:
handgeschöpftes Salz.

Besichtigung & Spa

....

Es gibt zwei Zugänge zu den **Salinen von Sečovlje** (www.kpss.si, Sommer tgl. 8.00 bis 21.00, Winter nur bis 17.00 Uhr; zu Fuß oder mit dem Fahrrad). Der nördliche Eingang führt in den noch bewirtschafteten Teil mit einem kleinen Laden, in dem man reines Speisesalz und kosmetische Salzprodukte kaufen kann. Rund 2,5 km durch die Salinen sind es bis zum **Salzmuseum**, das die Techniken der Salzernte und die Lebensbedingungen der Arbeiter

beleuchtet. Der südliche, der Natur überlassene Teil ist auch über eine Zufahrt zugänglich, die nach dem slowenischen Grenzposten (und vor dem Passieren des kroatischen) rechts abzweigt.

Das **Spa Lepa Vida** nutzt die Heilkraft von Salzschlamm und -Wasser. Pool, Holzhäuser für Umkleiden und Gastronomie sowie nicht einsehbare Behandlungsräume unter freiem Himmel vermitteln das Gefühl, sich bei den Anwendungen direkt in der Natur zu befinden (Seča 115, Tel. 05/672 13 60, www.thalasso-lepavida.si, Mai–Okt. 10.00–20.00 Uhr).

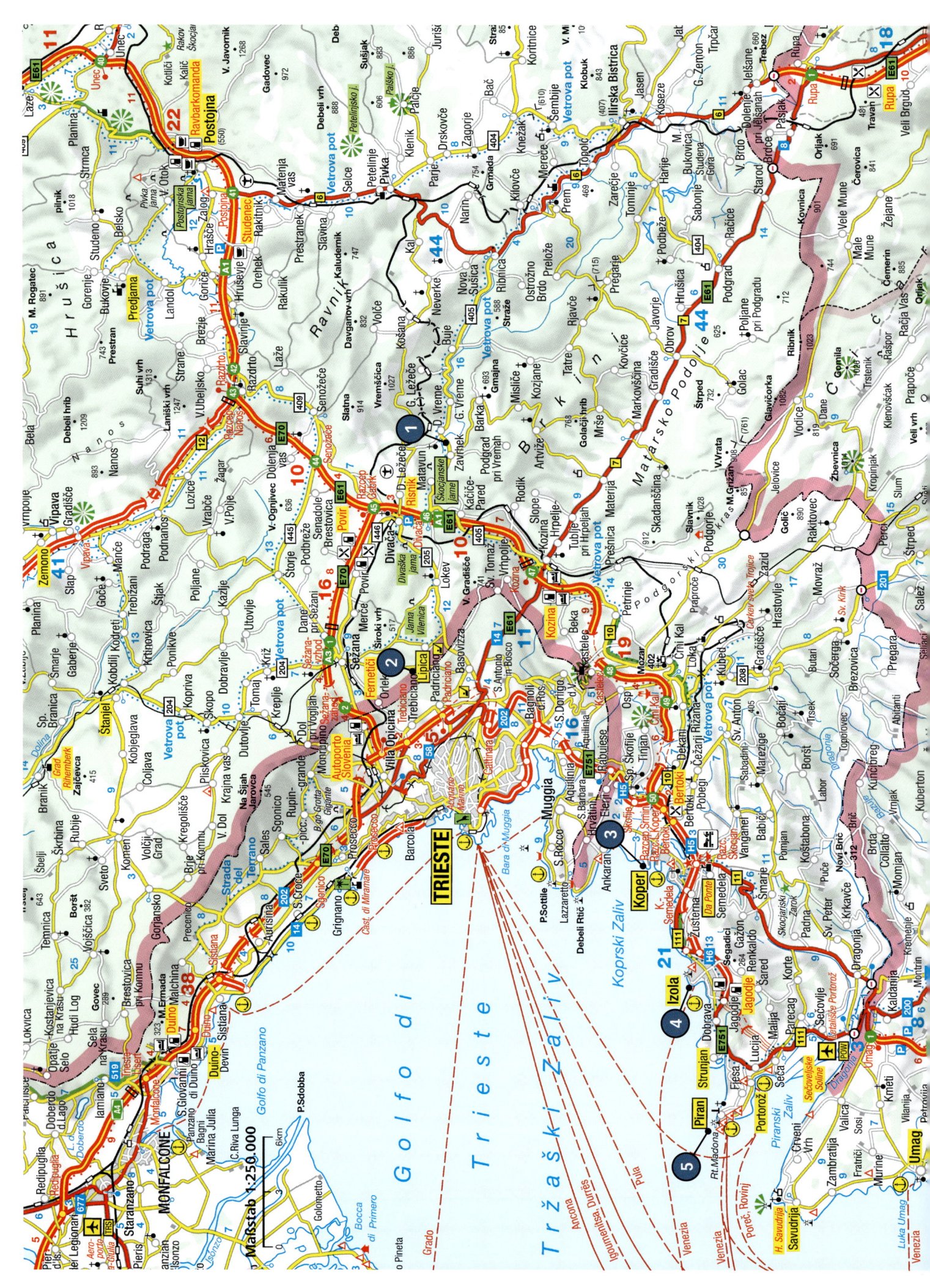

VON GROSSEN HÖHLEN, VIRTUOSEN GEIGERN UND EDLEN PFERDEN

Sloweniens Anteil an der Halbinsel Istrien umfasst den 46,6 km langen Küstenstreifen zwischen der italienischen und kroatischen Grenze sowie den Rand des teilweise nur wenige hundert Meter landeinwärts beginnenden Karstplateaus. Mediterrane Flora sowie von venezianischer Architektur geprägte Hafenstädtchen im Küstengebiet kontrastieren mit lichten Wäldern und Höhlensystemen im Karst.

❶ Škocjanske Jame

Das von der UNESCO im Jahr 1986 zum Erbe der Welt gekürte Höhlensystem von **Škocjan TOPZIEL** wurde vom Fluss Reka geschaffen, dessen Lauf im Umkreis der Höhlen teils ober-, teils unterirdisch verläuft. Im spektakulärsten Abschnitt strömt der Fluss durch einen unterirdischen Canyon und den schmalen Hankejev kanal. Rund 40 km weiter westlich erscheint die Reka bei Duino/Triest erneut am Tageslicht, als Quelle des Timavo. Bewohnt war dieses Höhlensystem schon in der Jungsteinzeit, die systematische Erforschung der Gänge begann aber erst zu Beginn des 19. Jh.s. Zugänglich war zunächst nur die Mohorčič-Höhle; das angrenzende System von Gängen und Hallen wurde im Zuge weiterer Forschung im 19. Jh. begehbar gemacht. Da die Wege holperig sind und der letzte Abschnitt steil bergauf führt, ist der Besuch gehbehinderten Personen nicht zu empfehlen. Festes Schuhwerk und eine warme Jacke sind wichtig – in den Höhlen beträgt die Temperatur nur etwa 12°C. Der Besucherpfad ist etwa 3 km lang, sein tiefster Punkt befindet sich 144 m unter der Erdoberfläche. Die – ausschließlich geführten – Besichtigungen dauern rund 90 Minuten.

SEHENSWERT/BESICHTIGUNG

Vom Ausgangspunkt, dem Besucherzentrum bei Matavun, besichtigt man stetig bergab gehend die **Stille Höhle (Tiha jama)** mit dekorativen Sinterterrassen und die **Große Halle (Velika dvorana)** mit faszinierenden Tropfsteininformationen. Danach stößt man auf den Lauf der Reka, die über Wasserfälle sprudelnd im Canyon verschwindet. Eine Brücke überquert den Abgrund, und der Weg wendet sich durch weitere Tropfsteinsäle bergaufwärts, bis man sich in der **Großen Doline (Velika dolina)** im Freien wiederfindet. Von hier besteht die Möglichkeit, die Tour ohne Führung fortzusetzen. Dieser Teil des Systems präsentiert besonders plastisch die Genese von Karsthöhlen, denn er verläuft teils unterirdisch, teils durch Höhlen mit eingestürzten oder sich gerade öffnenden Decken und unter Naturbrücken hin-

Oben: Stimmungsvoll bummeln lässt es sich auch an der Hafenpromenade von Koper. Rechts oben/unten: Lipica ist die Wiege der Lipizzanerzucht.

durch (Nov.–März 10.00, 13.00, So. auch 15.00, April–Okt. 10.00–15.00 stündlich, Juli/Aug. auch 9.00 und 16.00 Uhr).

INFORMATION

Besucherzentrum, Matavun 12, 6215 Divača, Tel. 05/708 21 10, www.park-skocjanske-jame.si

❷ Lipica

Teile des Gestüts in der Nähe von Sežana können Besucher auf eigene Faust besichtigen; wer mehr sehen und erfahren möchte, sollte sich der empfehlenswerten Führung anschließen. Angeboten werden diese in slowenischer und englischer Sprache, nach Voranmeldung (mind. 3 Tage im Voraus) auch auf Deutsch. Die Besichtigung dauert etwa 50 Minuten.

SEHENSWERT

Allein der Anblick der auf der Weide stehenden Pferde ist die Anreise nach Lipica wert. Bei der geführten Besichtigung besuchen Sie u.a. den im Jahr 1703 erbauten **Wölbstall**, in dem die kostbaren Zuchthengste untergebracht sind. Lipica beherbergt sechs klassische Zuchtlinien (Hengste) und 17 Stutenstämme.

MUSEUM

Das **Museum Lipikum** präsentiert Geschichte, Zucht und Dressurtechniken (Führungen März bis Okt. 10.00, 12.00, 14.00 und 16.00, Winter 13.00 Uhr).
Im Sommerhalbjahr können Besucher Gelehrigkeit und Eleganz der Pferde bei Vorführungen der **Klassischen Reitschule** bewundern (April So. 15.00 Uhr, Mai, Okt. Fr., So. 15.00, Juni–Sept. Di., Fr., So. 15.00 Uhr).

ERLEBEN
Der im Jahr 1889 angelegte 9-Loch-Platz ist Teil des Gestüts und gehört zu den schönsten Golfplätzen Sloweniens (ganzj., Tel. 05/739 17 24, www.lipica.org/de/golf).

RESTAURANT/HOTEL
Gastronomie wie Hotellerie im Gestüt sind auf die Abfertigung großer Besuchergruppen eingestellt. Kreativ verfeinerte Speisen aus dem Karst serviert €€ **Gostilna Ruj**. Das winzige Lokal kocht alles frisch, daher braucht das Essen etwas Zeit. Aber das Warten lohnt sich (Dol Pri Vogljah 16, Sežana, Tel. 05/734 17 20).

INFORMATION
Kobilarna Lipica, Sežana,
Tel. 05/739 15 80, www.lipica.org

❸ Koper

Die Hafenstadt (50 000 Ew.) verbirgt ihre Reize hinter einer großen Industrie- und Shoppingzone. Im ruhigen Ortszentrum erinnern Loggia und Paläste an die venezianische Herrschaft in den Jahren 1279–1797.

Tipp

Karstküche mit Pfiff

Als Ksenija Mahorčič, den Gasthof ihrer Schwiegereltern übernahm, wurde dort traditionell gekocht. Mit Elan und kulinarischer Kreativität verwandelte die junge Küchenchefin die Gostilna Mahorčič unweit von Lipica und Škocjan in eine Gourmet-Oase, die Traditionen neu interpretiert. Die Zutaten kommen aus dem Garten, von der befreundeten Pilzesammlerin oder dem Jäger-Nachbar. Unterstützt durch Ehemann und Sommelier Martin, ist Ksenija heute stolze Trägerin eines BIP Gourmand und dreier Gault & Millau-Hauben.

INFORMATION
€ €€ **Gostilna Mahorčič**, Rodik 51, Kozina, Mobil-Tel. 056/80 04 00, www.rundictes.si

Oben: Markt in der Altstadt von Izola.
Rechts oben: Selbstbedienung in der Altstadt von Piran. Darunter: abendlicher Bummel am Lungomare von Piran.

SEHENSWERT
Hinter dem einzigen noch verbliebenen Stadttor, der **Porta Muda** (1516), schmückt der zierliche **Da-Ponte-Brunnen** (17. Jh.) den **Prešernov trg**. Von hier führt die **Čevljarska ulica** vorbei am gotischen **Palazzo Almerigogna** und vielen kleinen Geschäften und Galerien zum **Hauptplatz Titov trg**. Ihn säumen die **Loggia** mit charakteristischen Arkaden in venezianischer Gotik, der zinnengekrönte **Prätorenpalast** (15. Jh.) und der **Dom**, dessen Grundstein im 12. Jh. gelegt wurde. Im 15. Jh., als der gesamte Platz neu gestaltet wurde, erhielt er seine jetzige Form. Lassen Sie die harmonische Anlage bei einem Café in der Loggia auf sich wirken, bevor Sie dem benachbarten Platz **Brollo** mit seinen aus dem Barock stammenden Palazzi einen Besuch abstatten. Die **Gasse Kidričeva ulica** führt, vorbei am barocken **Palais Belgramoni-Tacco**, nach Westen zum **Carpacciev trg** und dem ehemaligen Hafen, heute eine Marina.

INFORMATION
TIC, Titov trg 3, Tel. 05/664 64 03,
https://visitkoper.si

❹ Izola

Erst im 19. Jh. wurde die auf einer Insel (izola) erbaute Altstadt mit dem Festland verbunden. Izola (16 000 Ew.) hat römische Wurzeln, von denen noch Fundamente einer villa rustica zeugen. Fischerei und Landwirtschaft begründeten damals wie heute den Wohlstand.

SEHENSWERT/MUSEUM
Vom kreisrunden **Hafenbecken**, in dem heute mehr Jachten als Fischkutter dümpeln, führen schmale Gassen und Durchgänge ins Herz der **Altstadt**, den **Manzijoliev trg**. Um die **Pfarrkirche Sv. Mauro** (16. Jh.) gruppieren sich historische Paläste wie der 1470 erbaute **Manziolipalast** und der rund 100 Jahre jüngere **Palazzo Lovisato**. Besonders sehenswert ist der barocke, reich mit Stuck verzierte **Palazzo Besenghi degli Ughi** ein Stück weiter. Doch

Izola beeindruckt weniger mit einzelnen Bauten denn als atmosphärisches Gesamtensemble. In **Izolas Fischereimuseum Ribiški muzej – hiša morja** wollen über 30 Schiffsmodelle bewundert werden; viele Elemente sind interaktiv (Ulica Alme Vidova 3, Do.–Sa. 11.00 bis 17.00 Uhr).

BAR, RESTAURANT/HOTEL
Mit Blick auf das Hafenbecken speisen Sie im €€€ **Restaurant Marina** frischen Fisch und Meeresfrüchte (Veliki trg 1, Tel. 05/660 41 00, www.hotelmarina.si). Das €€€ **Hotel Marina** empfiehlt sich als zentral und zugleich idyllisch am Hafen gelegene Unterkunft. Schinken, Salami, Käse und Weine des Guts Zaro laden in der € **Weinbar Manzioli** (Manzijoliev trg 5, Tel. 05/616 21 37, www.facebook.com/manzioli) zur Verkostung lokaler Spezialitäten.

INFORMATION
TIC, Sončno nabrežje 4, Tel. 05/640 10 50,
www.visitizola.com

❺ Piran

Das charmante Städtchen **Piran TOPZIEL** (17 000 Ew.) drängt sich auf der schmalen Landzunge zwischen den Buchten von Strunjan und Piran. Vom Hafenbecken bis zur Spitze des Kirchturms von Sv. Jurij auf einem Höhenrücken wirken seine Gassen und Plätze wie der Inbegriff mediterran-venezianischer Harmonie.

SEHENSWERT/MUSEUM
Der **Tartiniev trg** ist Mittelpunkt der **Altstadt** und zugleich einer der schönsten Plätze der östlichen Adria, gesäumt von Häusern aus verschiedenen Epochen, unter denen das Mitte

DAS KLEINE RESTAURANT PRI MARI IN PIRAN ÜBERRASCHT MIT SEHR FEINER, AUTHENTISCHER KÜCHE.

des 15. Jh.s errichtete **venezianische Haus** hervorsticht. Im Zentrum des Platzes erhebt sich das 1896 errichtete **Denkmal für Giuseppe Tartini**. Der Komponist und Geigenvirtuose wurde 1692 in Piran geboren. Sein Geburtshaus, ebenfalls am Platz, zeigt eine bescheidene Ausstellung über den Künstler (Juli/Aug. 9.00–12.00, 17.00–21.00, sonst 9.00 bis 17.00 Uhr). Neben dem Denkmal erinnern zwei steinerne **venezianische Fahnensäulen** mit eingemeißelten Längenmaßen an die Herrschaft der Serenissima, die vor allem am lukrativen Salzhandel der Piraner Salinen interessiert war. Vorbei am **Minoritenkloster** mit einem stimmungsvollen Renaissancekreuzgang führen Gassen bergauf zur barocken **Kirche Sv. Jurij** mit benachbartem Baptisterium und frei stehendem, 46 m hohem Campanile; eine Kopie des Turms der Markuskirche in Venedig (Besteigung Sommer Mi.–Mo. 10.00 bis 16.30 Uhr). Genießen Sie die Aussicht, die über die buchtenreiche Küste bis an die Alpen reicht! Den Abschluss bildet ein Bummel durch den ältesten Stadtteil **Punta** auf der Landzunge mit dem von einer großen Zisterne gezierten **Platz 1. Maja**.

SHOPPING

Der Laden von **Piranske soline** verkauft die Produkte aus den Salinen von Sečovlje, darunter Fleur de Sel (solni cvet) und Salz-Schokolade (Ulica IX Korpusa 2).

RESTAURANTS UND HOTELS

Wenn Sie nicht partout draußen sitzen wollen, sei €€ **Pri Mari** empfohlen. Das kleine Restaurant überrascht mit sehr feiner, authentischer Küche; es gibt aber nur einen winzigen Garten (Dantejeva ulica 17, Tel. 05/673 47 35, www.primari-piran.com). Vor der barocken Zisterne am Prvomajski trg verkosten Gäste der € **Cantina** slowenische Weine; Sardinen und andere Snacks dazu liefert € **Fritolin pri Cantini** gleich nebenan (Trg 1. Maja 10). Bei €€ **Max** übernachten Gäste in einem romantischen Altstadthaus von 1700 (ul. 9. Korpusa, Piran, Mobil-Tel. 041/69 29 28 , www.maxpiran.com). In Portorož empfiehlt sich das sehr elegante €€€€ **Grand Hotel Portorož** mit Wellnessscenter und Sauna- Park, in dem Gäste von Shakti-Yoga bis zu Wai- Thai-Massagen verwöhnt werden (Tel. 05/692 10 20). Bezaubernd rund um das Thema Salinen gestaltet wurde das benachbarte €€€ **Hotel Apollo** (Tel. 05/692 20 20; beide Obala 33, Portorož, www.lifeclass.net).

UMGEBUNG

Das hübsche Seebad **Portorož** (3 km südöstl.) mit künstlich aufgeschüttetem Sandstrand ist ein beliebter Erholungsort italienischer und österreichischer Gäste. Es gibt ein großes Sport- und Wellnessangebot, das Klima ist sehr mild. Nur eine Bucht weiter südl. liegen die Salinen und der Naturpark von **Sečovlje**.

INFORMATION

TIC, Tartinijev trg 2, Tel. 05/673 44 40, www.portoroz.si

DEN KARST ERLEBEN

Der umstrittene Literaturnobelpreisträger und Kärntner Slowene Peter Handke spürte im Karst „schon beim ersten Sich-Umblicken damals diese Freiheit" – vielleicht können Sie das Gefühl bei dieser schönen Wanderung nachvollziehen? Vom Eingang zu den Schauhöhlen von Škocjan führt der 2 km lange, gut ausgeschilderte und erläuterte Lehrpfad oberhalb der Einbruchstrichter und Dolinen des Höhlensystems durch ungemein abwechslungsreiche Natur. Er umrundet zunächst die beiden Velika und Mala dolina genannten Einbruchstrichter (s. Abb. S. 28/29), die sich auftun wie Höllenschlünde, und passiert dann die uralten Karstdörfer Betanja, Škocjan und Matavun.

Tiefgründige Landschaft: oben üppig grün, unten ein weitverweigtes Höhlensystem.

Faszinierend ist die botanische Vielfalt: während in den tieferen Bereichen alpine Pflanzen ein kühles Habitat vorfinden, wachsen an den Trichterrändern mediterrane Schönheiten wie das Venushaar und Schwarzkiefern. Immer wieder erlauben Aussichtspunkte einen weiten Blick auf die vom Fluss Reka über- und unterirdisch geformte Landschaft. Kleine Regionalmuseen in historischen Anwesen erläutern die geologische Entstehung, den Aufbau der Höhlen und deren Bedeutung für das Ökosystem.

Zurück am Eingang sind es mit dem Auto knapp 9 km in das Dörfchen Lokev, wo sich seit dem 17. Jh. mittlerweile die zehnte Generation der Familie Muha der traditionellen Karstküche widmet. Ein Tipp: Weil zu einem guten Essen im Karst auch Wein und Schnaps gehören, buchen Sie zum Abendessen am besten gleich eines der netten Gästezimmer.

Lehrpfad: Start am Park Škocjanske jame, Matavun 12, 6215 Divača
Länge: 2 km, Dauer je nach Pausen 45 Min. bis 1,5 Std.
Museumssammlungen: Juni–Sept., 11.30–19.30, Winter 9.00 bis 15.00 Uhr
Einkehr: €€ Gostilna Muha, Lokev 138, 6219 Lokev, Tel. 031 231 251, www.gostilna-muha.com, Sa.–Mi. 12.00–22.00 Uhr, 8 Apartments, 2 Doppelzimmer

Westküste und Hinterland

*

KULTUR UND GENUSS

*

Im Westen Istriens beschatten weit ausladende Kronen alter Pinien die von Felsbuchten zerfurchte Küstenlinie, auf vorwitzig ins Meer ragenden Halbinseln drängen sich ochsenrot und kaisergelb getünchte Häuser um eine venezianische Kirchturmspitze, im Hinterland hocken graue Bergdörfer auf Hügelrücken über den mit Weinreben und Olivenbäumen kartierten Ebenen.

Gemächlich schaukeln die Boote im Hafen von Rovinj, über dem sich das Panorama der Altstadt erhebt.

Rovinj: Vom fast 60 m hohen Campanile der Kirche St. Euphemia aus dem
17. Jh. blickt man über Stadt und Küste hinweg.

Pizzeria Da Sergio in Rovinjs Grisia-Gasse.

Der ideale Ort, um den Sonnenuntergang zu genießen, ist die Cocktail & Champagner Bar Valentino in der Santa Croce 28, am Rand der Altstadt von Rovinj.

D ie heilige Euphemia tanzt seit Stunden unentschlossen auf dem Glockenturm der ihr geweihten Kirche hin und her und verweigert eine zuverlässige Auskunft über die Wetteraussichten der kommenden Tage. Die Rovinjer sind an die Eskapaden ihrer Stadtheiligen gewöhnt, doch die Touristen, die nun schon den zweiten Tag dunkle Wolken am Horizont über dem Ferienparadies aufziehen sehen, beobachten die Wetterprophetin frustriert. Hatte Željko, der Vermieter der Ferienwohnung, nicht hoch und heilig geschworen, dass auf Euphemia Verlass sei? Wenn sie landeinwärts schaue, komme schlechtes Wetter; blicke sie aufs Meer, seien Sonnentage garantiert. Dass sie sich nun aber hin und her dreht, ist offenbar nicht vorgesehen.

SAISONAUFTAKT IN ROVINJ

Steigt man die 170 Stufen im Campanile hinauf, eröffnet sich zu Füßen der Wetterstatue ein wunderbares Panorama über die Inseln des Rovinjer Archipels, die mit Booten und Segelschiffen gesprenkelte Adria und die Altstadt. Letztere entpuppt sich aus dieser Perspektive als ein zum Kirchberg mäanderndes Netz schmaler Gassen zwischen dicht neben- und übereinander gestaffelten rostroten Ziegeldächern. Euphemia tanzt immer noch, doch scheint sie inzwischen einer Rich-

tung den Vorzug zu geben: Sie wendet sich allmählich dem Meer zu, und die ersten Sonnenstrahlen brechen durch die Wolkendecke. Offensichtlich haben die Wettersorgen der Urlauber ihr bronzenes Herz erweicht.

Flugs sind in der Grisia-Gasse Tische und Bänke vor die Türen gestellt, Auslagen mit Pseudo-Korallentand und Silberschmuck aus Asia-Produktion dekoriert. Plastiksandalen, Schwimmreifen und Sonnenhütchen werden drapiert – jetzt können die Touristen kommen. Viele Händler nicht nur hier in Rovinj allerdings klagen, dass die Umsätze fallen.

„Warum kauft ihr nichts?", wollen sie wissen. Kaufen würden wir gerne, nur nicht diesen Tand, denken wohl die meisten der durch die Altstadt bummelnden Passanten. Gäbe es nicht Lichtblicke wie Sašo Petroševski Novaks Atelier, in dem der Zagreber Künstler in den Sommermonaten arbeitet und seine kunterbunten, aus kubischen Formen zu-

sammengesetzten Landschaftsbilder malt, man könnte verzweifeln. Seinem Ruf, ein kreatives Künstlerstädtchen zu sein, wird Rovinj nur noch an wenigen Orten gerecht – die berühmte Grisia-Gasse zählt nicht dazu. Die in postmoderner Architektur errichtete Galerija Adris neben der historischen Tabakfabrik ist einer der besuchenswerten Plätze; ihre Ausstellun-

DIE ROVINJER SIND AN DIE ESKAPADEN IHRER STADTHEILIGEN GEWÖHNT.

gen widmen sich bevorzugt der kroatischen Moderne. Die Intellektuellen und Künstler der Stadt treffen sich zu Events im Multimediazentrum MMC; einem ehemaligen Kino, in dem nun die kreative Avantgarde zu Hause ist.

KÜNSTLER AUF DEM BERG

Dass dem malerisch auf einem 288 Meter hohen Bergkegel thronenden Grožnjan ein ähnliches Schicksal blüht wie der Grisia-Gasse, mögen die alten slawischen Gottheiten verhüten! Obwohl sich in den Sommermonaten Heerscharen von Besuchern auf seinem Pflaster drängen, sind

Der im Jahr 1680 errichtete Balbi-Bogen führt mitten hinein in das Gassengewirr der Altstadt von Rovinj.

Straßencafé am Hafen von Rovinj: Heiß- oder Kaltgetränk gefällig?

Grožnjans Bewohner sich selbst treu geblieben. Seit tausend Jahren gibt es die Bergsiedlung schon, doch in den 1960er-Jahren fand ein Exodus statt. Kaum jemand wollte noch hier oben leben. Der jugoslawische Staat versprach jungen Künstlern freies Wohnen, wenn sie sich um die verfallenen Häuser kümmern würden. Dreißig Kreative zogen ein, noch heute ist eine Mehrheit der knapp 200 Bewohner im künstlerischen Bereich tätig.

Die Bandbreite der in winzigen Galerien gezeigten Werke reicht von der Keramik bis zum Schmuck, von der Bildhauerei bis zur Malerei. Besonders die sommerlichen Treffen der *Jeunesse Musicale* erfüllen Grožnjan mit jungem Leben und Musik. Ähnlich soll es in den Nachbarsiedlungen laufen, in Oprtalj, Šterna oder Završje, das wie ein Adlernest auf einem Felsvorsprung klebt. Aber mehr als die Hälfte seiner Häuser liegen in Ruinen: Das Prinzip des für den Staat billigen Erhalts des Kulturerbes durch engagierte Bürger scheint noch nicht überall zu greifen.

ISTRISCHE PERSPEKTIVEN

Das herzförmige Istrien besteht aus zwei sehr gegensätzlichen Kultur- und Landschaftsräumen: dem lieblichen mediterranen Küstenstreifen, der deutliche Spuren venezianischer Vergangenheit trägt, und dem Binnenland, in dem sich Flusstäler wie das der Mirna zwischen steilen Hügeln hindurchschlängeln und die darauf erbauten Städte von Kämpfen der Bewohner zur Abwehr immer neuer Angreifer erzählen.

Die Unterteilung der Halbinsel entspricht den historischen und ethnischen Gegebenheiten. Die Venedig unterworfene Küste war romanisch besiedelt; in Städten wie Novigrad, Poreč und Rovinj wurde ein venezianischer Dialekt gesprochen und italienisches Savoir-vivre gepflegt, während im – von Habsburg beanspruchten Hinterland – slawische Bauern Felder und Weinberge bestellten, auf ärmlichen Höfen hausten und auf Wohl und Wehe ihren Pachtherren, den wech-

Tafelrunde(n) in der autofreien Altstadt von Rovinj – ein bisschen Romantik muss sein!

Der Mann mit dem Saxofon: Straßenmusiker am Tito-Platz (Trg Maršala Tito) in Rovinj.

Von der UNESCO zum Erbe der Welt gekürt:
der Euphrasius-Komplex in Poreč.

Im Hauptmosaik in der Kuppel der Euphrasius-Basilika gruppieren sich
Engel, Märtyrer und der Bischof Euphrasius um die Maria mit dem Kinde.

Von Ost nach West durchquert die bis heute mit ihrem römischen Namen
Decumanus überlieferte Hauptstraße von Poreč den Ort.

Im Jahr 1473 errichtet wurde das Gotische Haus (Gotička kuća) in Porečs Hauptstraße.

Eine große Eis-Auswahl bietet die als Familienbetrieb geführte Gelateria Fontana (Dekumanska ulica 25).

EIN SYMBOLBAU DES FRÜHEN CHRISTENTUMS MACHTE POREČ, EINEN DER GRÖSSTEN FERIENORTE ISTRIENS, WELTBERÜHMT.

sclnden Plünderungszügen von Osmanen, Uskoken sowie den Vorstößen Venedigs ausgeliefert waren. Rückständig mag die passende Beschreibung für das Landesinnere gewesen sein, und so blieb es lange. Der Journalist Stephan Vajda, der sich in den 1970er-Jahren auf eine Reise quer durch Istrien machte, nannte seinen Bericht „Abenteuer Abseits". Allerdings fühlte er sich auch von Istriens „laut- und regloser Magie verwirrt".

Diese Magie umfängt noch immer jene Spaziergänger, die zum Beispiel das alte Bergstädtchen Motovun auf seinem Mauerring umrunden und Schritt für Schritt, Biegung um Biegung in immer neue Bilder tiefgrüner Rebhügel und silberner Olivenhaine eintauchen, bis sich der Blick schließlich am Horizont im Glitzern des Meeres verliert.

EDLE KNOLLEN IN MOTOVUN

Motovun wurde im Gegensatz zu vielen anderen Bergsiedlungen nie verlassen und steht robust auf zwei Standbeinen: den Trüffeln, die in den Wäldern unten im Mirna-Tal gedeihen, und der jungen Kultur, die es mit einem viel beachteten Filmfestival fördert. Wer die steile Straße auf den 277 Meter hohen Hügel erklommen hat, findet sich in einem erstaunlich intakten mittelalterlichen Architekturensemble wieder.

BLUE NOTES IN BALE

Die Siedlung Bale krönt keinen Berg, sondern nur einen Hügel. Um den Palazzo Soardo-Bembo in der Ortsmitte, ein schönes Beispiel venezianischer Spätgotik, legen sich die beiden Hauptgassen in zwei konzentrischen Kreisen. Da der Palast mit italienischem Geld renoviert wurde, darf der italienische Kulturverein seine Räume nutzen. Um den Palazzo stehen viele Häuser leer oder warten auf Käufer, die bereit sind, in die Ruinen zu investieren. Abends in der Jazz-Bar Kamene Priče räsoniert Eigentümer Tomislav Pavleka bei einem Glas Malvazija über die Zukunft von Bale und damit auch von seiner Bar. Sie ist Mittelpunkt der istrischen Jazz-Szene und hat sich im Lauf der letzten Jahrzehnte wie ein Labyrinth über Nachbarhäuser und Innenhöfe ausgebreitet. Während im Hintergrund ein Jazzsender via Internet seine Blue Notes durch die mit mehr oder weniger wertvollen Antiquitäten möblierten Kneipenräume schickt, berichtet Pavleka, dass in der Altstadt nur noch 15 Menschen leben, was man ihm trotz der nachts menschenleeren Gassen kaum glauben mag. Mit den Bewohnern jedenfalls ist kein Geschäft zu machen, eher schon mit den Gästen des Boutiquehotels Grisia, das ähnlich raumgreifend expandiert wie die Bar. Auch Pavleka setzt auf Tourismus und

Mit dem Bau des Leuchtturms am Kap Savurdija, der nordwestlichsten Landzunge Istriens, wurde im
März 1817 begonnen – heute ist er der älteste aktive Leuchtturm an der Adriaküste.

Wenn bei Novigrad die Sonne im Meer
versinkt: Auf der Terrasse der Amore Bar direkt
am Meer lässt sich das Naturschauspiel
ganz entspannt betrachten.

Fischer im Hafen der „neuen
Stadt"(Novigrad).

Venezianische Architektur, Barock und Renaissance verschmelzen in der malerisch auf einer Landzunge gelegenen Altstadt von Novigrad.

bietet den Musikliebhabern ebenfalls Unterkunft an: in flippigen „Jazz-Apartments". Gut gebucht sind diese vor allem während des Last Minute Open Jazz Festivals Anfang August, zu dem neben Bands aus dem ehemaligen Jugoslawien auch die eine oder andere Größe der internationalen Jazzszene anreist.

TRAUMKÜSTEN UND FELSLANDSCHAFTEN

Alle brauchen Tourismus, nur Bale hat wie die Mumienstadt Vodnjan oder das Renaissancekleinod Svetvinčenat den Nachteil, weder am Meer noch aussichtsreich auf einem der Hügel Inneristriens zu liegen. Das schränkt das Potenzial drastisch ein; auch die moderne Multifunktions-Sporthalle, die Bales Bürgermeister stolz einweihte, wird kaum jemanden von seinem Strand weglocken. Obwohl die istrische Westküste wie die im Osten fast ausschließlich aus Fels- und Kiesbuchten besteht und man am besten mit Badeschuhen ins Wasser steigt, um den gefährlichen Stacheln der Seeigel zu entgehen, besuchen Jahr für Jahr rund vier Millionen Urlauber aus Italien, Deutschland und Österreich die Strände. Denn: Nur wenige Regionen Südeuropas können sich in puncto Klarheit und Sauber-

keit des Wassers mit der kroatischen Küste messen. Schnorchler blicken bis zum tiefen Grund, und beim Schwimmen stellt sich das Glücksgefühl ein, auf einem gläsernen, zart türkisblauen Meer über märchenhafte Unterwasserlandschaften aus weißem Kalkstein zu treiben. An den Stränden ist kein Raum für akkurate Sonnenliegen- und Schirmarmeen, stattdessen arrangiert man sich mit Wiese und Wurzelwerk, dessen Bäume Schatten spenden. Und weil Strände in Kroatien prinzipiell öffentlich sind, teilt selbst der anspruchsvollste Luxushotelgast die Liegefläche mit kroatischen Jugendcliquen oder Großfamilien.

ISTRIENS HEIMLICHES KAPITEL

Die Bausünden der 1960er- und 1970er-Jahre, als Teile der Küste ohne Rücksicht auf Umwelt oder Ästhetik zubetoniert wurden, um Ferienghettos wie die Blaue Lagune bei Poreč aus dem Boden zu stampfen, lassen sich zwar nicht mehr

zurücknehmen, aber zumindest durch ansprechende Modernisierung mildern. Und: Verglichen mit ähnlichen Arealen an der italienischen Adria oder der Costa Brava sind die Dimensionen an der istrischen Küste noch human. Tatsächlich gibt es hier sogar noch weite Abschnitte, die gänzlich unverbaut sind.

Hier kommt wieder Bale ins Spiel. Von der Mittelalterstadt zum Strand sind es zwar ein paar Kilometer, aber die Küste ist naturbelassen. Ein Vogelschutzgebiet, ein Campingplatz, eine Konoba

IN STÄDTEN WIE NOVIGRAD PFLEGTE MAN DIE ITALIENISCHE LEBENSART.

und sonst nur Macchia und Fahrradwege. Das ist Istriens heimliches Kapital.

Poreč bildet dazu ein Kontrastprogramm. Es beherbergt in der Hochsaison an seiner 13 Kilometer langen Küstenlinie über 60 000 Feriengäste, die zwischen mehr als 200 Restaurants wählen können. Die Altstadt liegt romantisch auf einer Landzunge, an die sich im Norden wie im Süden Bucht um Bucht anschließt. Als die Römer um 100 v. Chr. die

Idylle mit Pool im historischen Ambiente zum rundum Wohlfühlen:
die rund 300 Jahre alte Stancija Scodanella bei Motovun.

Von den mächtigen Wehrmauern Motovuns blickt man über die
Dächer des Hügelstädtchens auf das üppig grüne Mirna-Tal.

„Trüffelkönig" Giancarlo Zigante in seinem
Gourmetrestaurant in Livade.

Am höchsten Punkt über dem Mirna-Tal erhebt sich
das Kastell in der Altstadt von Motovun.

Landlust

Special

In der istrischen Toskana

**Um die *stancijas*, die alten Bruch-
steinhöfe der istrischen Bauern, hat
sich jahrzehntelang kaum jemand ge-
schert. Bis die ersten Aussteiger ihren
Charme entdeckten.**

Zunächst gab es nur einige engagierte
junge Leute, die sich an die Aufgabe
machten, den geschichtsträchtigen
Mauern wieder Leben einzuhauchen.
Dann, nach der Unabhängigkeit Kroatiens, begann der Immobilienmarkt
zu boomen. Heute findet man kaum
noch eine Ruine, an der nicht das
Schild *Vendesi* (zu verkaufen) hängt.
Vor allem Italiener erkennen in Istrien
eine Art Toskana, wie sie früher einmal war. Herber, nicht so touristisch –
und deutlich preiswerter.

Zu den wenigen Nicht-Italienern,
die sich hier niedergelassen haben, gehören Brigitte und Wolfgang, sie eine
ehemalige PR-Frau, er ein Grafikdesi-
gner mit handwerklichem Talent und
heute Betreiber der auf Istrien spezia-
lisierten Reiseagentur „Istrien pur".

Landleben à la Istrien: Stancija Scodanella.

Ihre 300 Jahre alte Stancija Scodanella mit herrlichem Blick auf Motovun haben die beiden 1998 zufällig
entdeckt und sofort erworben. Es
dauerte einige Jahre, aus dem Haufen
Steine eine komfortable Unterkunft
mit Gästehaus zu machen, in der man
sich auch wohlfühlt, wenn die istrische Sonne mal nicht vom blauen
Himmel scheint. Und das war wichtig, denn Brigitte und Wolfgang haben mittlerweile einen großen Teil
ihres Lebens nach Istrien verlegt.

Illyrer von dieser Halbinsel vertrieben,
hatten sie vermutlich weniger die land-
schaftliche Schönheit als die strategische
Bedeutung und den wirtschaftlichen
Nutzen im Sinn.

Decumanus und Cardo sowie das Forum, an dem sich die beiden Haupt-
straßen kreuzten, sind heute noch im
Stadtbild erkennbar. Doch nicht das eindrucksvolle römische Erbe, sondern ein
Symbolbau des frühen Christentums hat
Poreč weltberühmt gemacht.

ZEITREISE ZU DEN ERSTEN CHRISTEN

Poreč vor 1700 Jahren: In einem ver-
schwiegenen Raum in der heutigen ulica
Eufrazijeva, am nördlichen Rand der römischen Stadt, treffen sich Christen mit
ihrem Bischof Maurus zur Andacht. Das
Symbol ihres Glaubens, ein Fisch,
schmückt als Mosaik die schlichte Kult-
stätte, die sich hinter den Mauern eines
römischen Hauses verbirgt.

Ob es Maurus gehört oder ob er nur
einer der Bediensteten ist, die seine Herren aus dem Vorderen Orient mit nach
Istrien genommen haben?

Über Maurus' Leben ist so gut wie
nichts bekannt bis auf seine dunkle
Haut, zu sehen auf einem der Mosaiken
in der Basilika. Das Treiben der Christen
bleibt nicht lange unentdeckt. Maurus
und einige Getreuen werden nach Salona,

Die Seele baumeln lassen: Terrassen-Bar in Grožnjan.

In ihrem Studio PI in Grožnjan präsentiert die Künstlerin Pamela Ikanovic Keramikarbeiten.

Mehr als 30 Galerien und Ateliers gibt es in dem noch immer mittelalterlich anmutenden Hügelstädtchen Grožnjan.

Frisches (Tisch-)Tuch für das Restaurant Bastia: in Grožnjan.

an den Sitz des fanatischen Christenverfolgers Diokletian gebracht und zum Tod verurteilt. Doch schon wenige Jahrzehnte später, noch vor dem Konzil von Nicäa im Jahr 325, das Religionsfreiheit garantierte, wagen sich die Porečer Christen an den Bau eines größeren Oratoriums unweit ihres ersten Betsaals. Hier setzen sie die Gebeine der Märtyrer bei. Nach dem Jahr 325 erweitern sie es um ein zweites Schiff.

UNESCO-WELTERBE

Von dieser Kirche sind heute noch die Grundmauern und herrliche Mosaiken erhalten. Jenes im Museum der Basilika beispielsweise mit der Abbildung des Fisches aus dem ersten Kultraum. Überstrahlt werden sie allerdings vom Prunk der Basilika, die Bischof Euphrasius gleich nach Byzanz' Machtübernahme im Jahr 539 errichten und mit goldglänzenden Mosaiken überziehen ließ. Angrenzend an Maurus' erstes Bethaus und mithilfe byzantinischer Handwerker entstand die dreischiffige Euphrasiusbasilika als strahlendes Zeugnis des wiedererstandenen Ostroms. Prompt ließ der weströmische Papst den Bischof Euphrasius exkommunizieren. Das Auftreten dieses Bischofs strotzte geradezu vor Selbstbewusstsein. Er wagte es sogar, sich selbst im Kreis der Heiligen im Apsismosaik verewigen zu lassen; in der Hand ein Modell seines Werks.

Doch Euphrasius' Eigenwilligkeit macht sich für Poreč bis heute bezahlt, denn die UNESCO erklärte den Komplex um die Basilika im Jahr 1997 zum Welterbe. Für die Architektur- wie für die Religionsgeschichte ist der Bau wegweisend: Er ist einer der wenigen noch erhaltenen frühchristlichen Kirchenkomplexe mit Baptisterium und dem „Bischofspalast" genannten Kanonikerhaus; die Basilika war eine der ersten Kirchen mit drei Apsiden und drei Altären.

MARIA IM ZENTRUM

Das Revolutionäre aber geschieht im Apsismosaik, auf dem nicht Jesus wie im wenige Jahre zuvor errichteten San Vitale in Ravenna im Zentrum steht, sondern Maria. Die Darstellung begründete endgültig den Kult um die Muttergottes, den die orthodoxe wie die katholische Kirche bis heute pflegen.

Kulinarisches

FEINE ÖLE, KOSTBARE TRÜFFEL, GROSSE WEINE

Haben Sie schon mal von den süßen Kvarner Scampi gehört? Sie zergehen, so heißt es, auf der Zunge! Wussten Sie, welche Olivenöle in der Gourmet-Bibel „Flos Olei" regelmäßig höchste Wertungen erhalten? Die aus Istrien natürlich! Und haben Sie schon mal eine Frittaja mit wildem Spargel und Trüffel probiert? Wenn nicht, sollten Sie das unbedingt bald nachholen!

Mit ihren fröhlich blinzelnden Augen und dem rabenschwarzen, vom Wind zerzausten Haar wirkt die zierliche „Oma Jola" keineswegs großmütterlich. Jolanta Pavlović, die sich hinter dem Pseudonym verbirgt, erläutert Besuchern gerade, wie Olivenöl verkostet wird. Zusammen mit ihrem Sohn hat sie Kroatiens erste zertifizierte Bio-Olivenbaumplantage aufgebaut. Auf dem etwa 12 Hektar großen Anwesen im Hinterland von Savudrija wachsen 2350 Bäume inmitten blühender Wiesen. Familie Pavlović verzichtete auf die um Olivenbäume übliche Kahlrasur von Gras und Unkraut ebenso wie auf den Einsatz von Chemie.

Lohnt der Aufwand den Ertrag? Ein Geschmackstest sagt: Ja, durchaus. Einen kleinen Schluck Olivenöl mit der Zunge gegen den Gaumen drücken, dann durch die fast geschlossenen Zähne tief Luft holen und dem Öl Zeit lassen, sich zu entfalten. Besitzt es Bitterkeit oder Schärfe (unabdinglich bei guten Ölen)? Ist ein angenehm zi-

Reinstes Olivenöl hat einen leicht bitteren, etwas scharfen Geschmack.

troniges Aroma zu spüren? Oma Jolas Öl schmeckt wunderbar herb nach frisch gemähtem Gras.

BLÜHENDE LANDSCHAFTEN
Nach dem Zerfall Jugoslawiens waren Initiative und Engagement gefragt, um die uniforme ex-jugoslawische Agrarbrache in eine blühende Landschaft zu verwandeln. Als die ent-

eigneten Bauern ihr Land zurückerhielten, trauten sich nur wenige in das schwer berechenbare Geschäft mit Agrarprodukten.

Jolanta Pavlović tat es, auch Claudio Ipša krempelte die Ärmel hoch. Seine Olivenbaumhaine bei Livade stehen auf so steilen, terrassierten Hängen, dass sie lange niemand bearbeiten wollte. Erst Claudio erkannte,

Im Genießerhimmel: Claudio Ipša kommt beim Anblick seines eigenen, aus gut 1000 Bäumen im Mirna-Tal bei Livade gewonnenen, Olivenöls ins Schwärmen. Mit gutem Grund: Diese Öle erhalten regelmäßig die höchsten Auszeichnungen.

Frisch über die Pasta gehobelt schmeckt der in den Wäldern bei Motovun erschnüffelte Trüffel besonders gut.

Auf einen Blick

. . . .

Olivenöl
Farm Jola, Franceskija 54, Savudrija
Mobil-Tel. 099/577 18 99, www.omajolas.com
Claudio Ipša, Ipši 10, Livade
Mobil-Tel. 091/206 05 38, www.ipsa-maslinovaulja.hr
Trüffel
Miro Tartufi, Kanal 27, Motovun
Mobil-Tel. 098/21 96 07, www.miro-tartufi.com
Natura Tartufi, Srnegla 21, Mala Huba (bei Buzet)
Tel. 052/55 40 57, https://pietroandpietro.com
Wein
Vinarija Kozlović, Vale 78, Momjan, 52460 Buje
Tel. 052/77 91 77, www.kozlovic.hr
Franc Arman, Narduči 5, 52447 Vižinada
Mobil-Tel. 091 44 62 26, www.francarman.hr
Zadruga „Vrbnik", Namori 2, Vrbnik, Tel. 051/85 71 01,
www.facebook.com/pzvrbnik

dass die übereinander angelegten Terrassen, die teils nur einen Baum tragen, die Oliven optimal der Sonne aussetzen. „Flos Olei" lobt seine Öle in den Genießerhimmel.

ISTRISCHER SHOOTING-STAR
Diese Öle harmonieren perfekt mit einem anderen istrischen Shooting-Star: dem Trüffel. Dessen Karriere begann mit dem Aufstieg Giancarlo Zigantes. Er – bzw. seine Hündin Diana – fand im Jahr 1999 in den Wäldern bei Motovun einen 1,3 Kilogramm schweren Riesentrüffel, der bis 2014 im Guinness-Buch der Rekorde als größter weißer Trüffel firmierte und Feinschmecker auf den unter Istriens Wäldern wachsenden Schatz aufmerksam machte. Jährlich erschnüffeln Trüffelhunde zwischen September und November etwa zehn bis 20 Tonnen Weiße und rund zehn Tonnen Schwarze Trüffel. Am besten schmeckt Trüffel auf ganz bodenständigen Gerichten wie einer *frittaja*, dem kroatischen Omelett.

PRÄMIERTE SPITZENTROPFEN
Dem Wein setzte das sozialistische Motto „Masse statt Klasse" schwer zu: Bis heute haben es inzwischen wieder eigenständig und auf hohem Niveau produzierende Winzer wie Franc Arman oder Gianfranco Kozlović schwer, sich auf dem internationalen Markt durchzusetzen. Nur Kenner sind bereit, die relativ hohen Preise für ihre prämierten Spitzenweine zu bezahlen. Dabei harmonieren diese auf der schweren roten Erde Istriens gezogenen Reben perfekt mit den anderen regionalen Produkten! Man vermeint, die Kraft der Böden und der Sonne in jedem Tropfen eines Malvazija, Teran oder Refošk zu schmecken.

Zum Abschluss sei ein autochthoner Tropfen von der Insel Krk empfohlen. Vrbniška Žlahtina, gezogen auf den Feldern um das Städtchen Vrbnik, ist ein ungemein frischer Weißwein, der die wunderbare Zartheit und Süße der hier gefangenen Scampi bestens zu unterstreichen weiß. Vor dem Hintergrund eines adriatischen Sonnenuntergangs wird dieses kulinarische Erleben zu einem ganz besonderen Vergnügen. *Živelji!*

Im schicken Showroom
von Natura Tartufi können
Sie an einer richtigen
Trüffel-Verkostung
teilnehmen.

Natura tartufi

BUCHTENSURFEN, HAFENSTÄDTE UND HÜGELHOPPING

Istriens Westküste ist durch teils tief ins Land greifende Buchten stark gegliedert. Die Hafenstädte haben römische Wurzeln und wurden durch die venezianische Herrschaft architektonisch geprägt. Von den Fels- und Kiesstränden sind es nur wenige Kilometer bis zu den wehrhaften Bergsiedlungen Inneristriens.

❶ Novigrad

Altstadt, Campanile, Meer – dem Idealbild istrischer Hafenstädte entspricht Novigrad (4500 Ew.) perfekt.

SEHENSWERT/MUSEUM

Den **Hauptplatz Veliki trg** beherrscht die barocke **Kirche Sv. Pelagij** mit ihrer romanischen Krypta (12. Jh.). Das moderne **Lapidarium** zeigt Steindenkmäler aus der Römerzeit bis ins Mittelalter (Mai–Okt. Mo.–Fr. 9.00–15.00, Juli/Aug. tgl. 10.00–13.00, 19.00–22.00, Juni, Sept. Mo.–Sa. 10.00–13.00, 19.00–21.00 Uhr, www. muzej-lapid arium.hr). Üppigen Barock präsentiert der **Palazzo Rigo** in der **Velika ulica**. Am hübschesten ist Novigrad entlang der **Riva** an der von Cafés gesäumten Stadtmauer.

BAR/RESTAURANTS/HOTEL

Bei €€€ **Damir & Ornella** kommt der (rohe) Fisch lecker mariniert auf den Tisch (Näheres steht auf Seite 89). Fisch in bester Qualität serviert auch die €€ **Konoba Čok**, allerdings vielseitig und kreativ zubereitet. Dazu gesellt sich das Entertainment des leutseligen Wirts Sergio … schmunzeln und genießen, heißt die Devise (ulica Sv. Antona 2, Tel. 052/75 76 43, www.eis tra.info/riblji-restoran-cok). Für einen Cocktail nehmen Sie Platz in der **Amore Bar** (Ribarnička 6, Novigrad).
Die Küste säumen große Hotelanlagen. Eine individuelle Unterkunft ist das recht charmante €€€ **Hotel Cittar** (Prolaz Venecije 1, Novigrad, Tel. 052/75 77 37, www.cittar.hr).

UMGEBUNG

Etwa 14 km an der Küste nach Norden besetzt **Umag**, ein international bekanntes Tenniszentrum, eine ins Meer ragende Halbinsel. Durch die Altstadt lässt es sich gut bummeln. Ein Fahrradweg führt von Umag weitestgehend an der Küste entlang ins 7 km entfernte **Savudrija** und zum 36 m hohen Leuchtturm, dem mit knapp 200 Jahren ältesten noch im Dienst befindlichen an der hiesigen Küste.

INFORMATION

TZ Novigrad, Mandrač 29 a, Tel. 052/75 70 75, www.coloursofistria.com

Frischer geht's nicht: Jakobsmuscheln im Hafen von Novigrad.

❷ Poreč

UNESCO-Weltkulturerbe und eines der beliebtesten Urlaubsziele an Istriens Küste: **Poreč TOPZIEL** muss einen Spagat hinlegen, um die beiden Pole zusammenzubringen. Das belegt auch das Hinweisschild am Eingang zur Euphrasius-Basilika, das Besucher auffordert, nicht in Badekleidung einzutreten.

SEHENSWERTES

Als Hauptgasse der Altstadt durchquert die **Dekumanska ulica** dem Verlauf des römischen Decumanus folgend die Halbinsel. Ihren Anfang markiert der **mittelalterliche Turm Peterokutna kula**. Gesäumt ist sie von Palazzi aus verschiedenen Epochen, so dem barocken **Palazzo Sinčić**. Souvenirgeschäfte, Eisdielen und Restaurants wetteifern in dieser Straße um Aufmerksamkeit. Im Trubel kann man die gotische Haus, **Gotička kuča**, mit venezianischem Spitzbogenportal leicht übersehen. Ein Stück weiter steht das romanische Haus, **Romanička kuća**, aus dem 12. Jh. Die Straße endet am **trg Marafor**, dem ehemaligen Forum mit den Säulenresten eines Neptun geweihten Tempels. Der frühchristliche Komplex der **Euphrasius-Basilika** befindet sich nördlich des **Decumanus**. Von einem Atrium aus sind die Bauten aus den Epochen zwischen 5. und 6. Jh. zugänglich. Besuchenswert ist das **Lapidarium** mit seiner Sammlung frühchristlicher Exponate. Direkt gegenüber sind die Fundamente des **Maurus-Oratoriums** (5. Jh.) erhalten. Daneben erstrahlt die eigentliche **Basilika** (6. Jh.) im Glanz ihres Apsismosaiks. Einen guten Überblick über den Komplex gewährt der im 16. Jh. erbaute, 35 m hohe **Glockenturm** (April–Juni, Sept./Okt. 9.00–18.00, Nov.–März Mo.–Sa. 9.00–16.00, Juli/Aug. 9.00–21.00 Uhr).

BAR/RESTAURANTS

Relativ eng geht es in der €€ **Konoba Aba** zu, doch die Küche ist sehr gut und der Service aufmerksam (M. Vlačića 2, Mobil-Tel. 095/576 75 00). Mit schönem Blick über die Altstadt speisen Gäste auf der Terrasse des €€ **Peterokutna kula** (Decumanus 1, Tel. 052/45 13 78, www. kula-porec.com.hr). Nach dem Essen trifft man sich gern im **Saint & Sinner** (Obala maršala Tita 12, www.facebook.com/saintsinnerporec).

HOTEL

Altstadtnah wohnen die Gäste des €€€ **Grand Hotel Palazzo**, eines renovierten k.u.k.-Baus an der Spitze der Landzunge (Obala maršala Tita 24, Tel. 052/85 88 00, www.bohotel-porec.com).

ERLEBEN

Porečs schönste **Strände** säumen südlich die Buchten Plava und Zelena Laguna mit Fels- bzw. Kiesabschnitten. **Fahrräder** können Sie bei Solis leihen (Bračka 47, Tel. 099/221 18 86, www.solis-porec.com).

*Oben: Ruinenstadt Dvigrad.
Links oben: Mit dem Rad
unterwegs durch Istriens
Nordwesten. Darunter: Badebucht auf der Halbinsel Zlatni
rt (Goldenes Kap).*

UMGEBUNG

Rund 8 km nach Nordosten lockt bei **Nova Vas** die **Höhle Baredine** mit vielfältigen Tropfsteinformationen (Juli/Aug. 10.00–18.00, Mai, Juni, Sept. 10.00–17.00, April, Okt. 10.00–16.00, Nov. bis Feb. ab 11.00, März 11.00–14.00 Uhr, Führung halbstdl., www.baredine.com).

INFORMATION

TO Poreč, Zagrebačka 9, Tel. 052/45 12 93, www.myporec.com

③ Rovinj

Eine tropfenförmige Halbinsel, ein venezianischer Kirchturm, aneinander gedrängte Altstadthäuser: **Rovinj TOPZIEL** zählt zu den bekanntesten istrischen Fotomotiven.

SEHENSWERT

Die Altstadt mit ihren von Galerien und Läden gesäumten Gassen wie der **Grisia**, aber auch stillen Winkeln, ist das Highlight von Rovinj. Am höchsten Punkt reckt die der **hl. Euphemia** geweihte barocke Kirche ihren Campanile in den Himmel. Den Platz **Titov trg** schmückt der barocke **Balbi-Bogen**, ein Rest der Stadtbefestigung. Am Hafenbecken zeigt die **Galerija Adris** Werke zeitgenössischer kroatischer Künstler (Obala V. Nazora 1, Sommer tgl. 18.00 bis 23.00 Uhr, www.adris.hr).

BAR/RESTAURANTS/HOTEL

Feinschmecker schwärmen von den Kreationen, die Danijel Bekić in seinem **€€€€ Restaurant Monte** drei Gault-Millau-Hauben eingebracht haben (Montalbano 75, Tel. 052/ 83 02 03, www.monte.hr). Lage und Blick konkurrieren mit mediterraner Küche im **€€ Puntunila** mit Terrassen über dem Meer (Sv. Križa 38, Tel. 052/81 31 86). Kroatische Tapas serviert

€ Segutra Tapas (Vrata pod zidom 4, Tel. 052/ 81 20 04). Romantisch: ein Abend in der **Cocktailbar Valentino** auf stimmungsvoll mit Fackeln beleuchteten Felsen am Meer (Sv. Križa 28, Tel. 052/83 06 83). Flaggschiff Rovinjs ist das **€€€€ Lone**, ein futuristischer Bau in puristischem Design mit Traumstrand und allem Komfort (Luje Adamovića 31, Tel. 052/80 80 00, www.maistra.com). Charmant wohnen Sie in der **€€€ Villa Tuttorotto** im Herzen der Altstadt (Dvor Massatto 4, Tel. 052/81 51 81, www.villatuttorotto.com).

ERLEBEN

Freeclimber finden im ehemaligen Steinbruch auf der Halbinsel Zlatni rt (Goldenes Kap) 83 Routen und zum Abkühlen einen der schönsten Strände Rovinjs nur wenige Meter entfernt.

UMGEBUNG

Im nördl. gelegenen **Limski fjord** (Limski zaljev) werden frische Muscheln und Austern gezüchtet. Die tiefe Bucht ist nur an ihrem Ostende über die Regionalstraße 21 zugänglich. Zwei Restaurants (Fjord und Viking, beide **€€**) verköstigen Besucher vor Ort. Zur mit Efeu und Brombeerranken überwucherten, gespenstisch wirkenden Ruinenstadt **Dvigrad** geht es 28 km landeinwärts in Richtung Kanfanar. Diese Stadt wurde 1631 aufgegeben, weil die Pest wütete.

INFORMATION

TZ, Trg na mostu 2, Tel. 052/81 15 66, https://rovinj-tourism.com

④ Grožnjan

Das von seinen Bewohnern verlassene, von Künstlern wiedererweckte **Grožnjan TOPZIEL** ist das bekannteste der vielen Bergstädtchen Inneristriens.

SEHENSWERTES

Grožnjans Grundriss gleicht einem verzweigten Baum, in dem die **Ulica Umberta Gorjana** den Stamm markiert. Am Ortseingang wachen ein **Kastell** und die barocke **Pfarrkirche**. Eine **Renaissanceloggia** und der barocke **Palazzo Spinotti-Morteani** empfingen am **Trg Lože** diejenigen, die Grožnjan durch das Nordosttor **Porta Grande** (15. Jh.) betraten. Von hier geht es in Richtung Süden vorbei an Abzweigungen in lauschige Durchgänge und mit Blumen geschmückte Innenhöfe.

RESTAURANT

Deftige Küche bietet die **€ Konoba Bastia** in der Ortsmitte (1. Svibnja 1, Tel. 052/77 63 70).

VERANSTALTUNGEN

Jeunesses musicales: Mai bis September erfüllen junge Leute mit klassischen Musikdarbietungen den Ort.

UMGEBUNG

Einen Ausflug lohnt das weiter östlich auf einem Hügel gelegene **Oprtalj**, wie Grožnjan eine Gründung der vorrömischen Illyrer.

⑤ Motovun

Eine bessere Lage (277 m hoch über dem Tal des Flusses Mirna) gibt es nicht für eine Stadt (900 Ew.), die sich häufig verteidigen musste. Zwei Mauerringe sorgten für ihren Schutz. In den Wäldern rund um **Motovun** gedeihen die kostbaren Trüffel.

SEHENSWERTES

Hinter dem äußeren Stadttor (14. Jh.) führt die **ulica Gradisiol** steil bergauf zum inneren Tor, durch das man den Hauptplatz mit dem **Kastell** betritt. Vom Platz haben Sie Zugang auf den inneren Ring der **Stadtmauer**, auf der Sie Mo-

Teran kosten!

Wohl schon die alten Römer schätzten den rubinroten, autochthonen Tropfen aus Istrien. Doch dann geriet der Teran (ital. *terrano*) in Vergessenheit. Heute bringt die Kunst der Teran-Kelterei in der Umgebung von Motovun wieder die edelsten Weine hervor. Preisgekrönt: u.a. „Il Primo" vom Weingut Fakin und „Barbarossa" von Tomaz.

INFORMATION
Fakin, Bataji 20a, Tel. 092/239 94 00, https://fakinwines.com; **Tomaz**, Kanal 36, Tel. 099/495 85 89, https://vina-to maz.hr

tovun umrunden und den Blick über die grüne Landschaft bis hin zur glitzernden Adria genießen können.

RESTAURANT
Aussicht und feine istrische Spezialitäten verbindet die €€ **Konoba Pod Napun** (Gradisdiol 33, Tel. 052/68 17 67); Trüffelliebhaber kommen am eleganten €€€ **Restaurant Zigante** (siehe auch „Unsere Favoriten", S. 88/89), nicht vorbei.

UMGEBUNG
In **Livade** am Fuß des Motovuner Hügels dreht sich alles um Trüffel. Wer frühmorgens im Herbst in der Region entlang des Flusses Mirna unterwegs ist, wird dort allerorten auf Trüffeljäger mit ihren Hunden treffen.

INFORMATION
TZ Motovun, Trg Andrea Antico 1, Tel. 052/ 68 17 26, www.tz-motovun.hr

 **Bale**

Die historische Stadt **Bale** auf einem Hügel im gleichnamigen Tal hat römische Wurzeln. Reizvoll ist neben dem architektonischen Erbe auch die noch relativ naturbelassene Küste.

SEHENSWERT
Im Zentrum erhebt sich der eindrucksvolle **Palazzo Soardo-Bembo** (15. Jh.). In der stimmungsvollen Altstadt werden zahlreiche Häuser gerade restauriert.

RESTAURANT UND HOTEL
Das charmante Boutiquehotel €€€ **La Grisa** in Bales Altstadt ist berühmt für sein exzellentes Restaurant, in dem u.a. Fleisch des Istrischen Rinds Boškarin serviert wird (La Grisa 23, Tel. 052/82 45 01, www.la-grisa.com).

UMGEBUNG
Rund 12 km nordöstlich lockt das Renaissancestädtchen **Svetvinčenat** mit einer eleganten Piazza und dem mittelalterlichen Kastell.

AUF DER ALTEN BAHNTRASSE DURCH ISTRIEN

Istriens Nordwesten ist ein ideales Terrain für Gelände-Radler, nicht zuletzt dank der ehemaligen Trasse der Parenzana-Bahn: Über spektakuläre Viadukte hinweg und durch dunkle Tunnels hindurch verbindet sie das grüne Binnenland mit der Küste.

Die Bahn fuhr nur etwas mehr als 30 Jahre lang. Im Jahr 1932 wurden die Schienen abmontiert. Die teilweise sehr holperigen Passagen der zur Radstrecke umgebauten Trasse machen ein gutes Mountainbike zum Rad der Wahl.

Die Tour beginnt im slowenischen Izola, dann radelt man an den Salinen von Sečovlje vorbei und über die slowenisch-kroatische Grenze bis Volpia bei Buje (30 km). Der folgende Abschnitt windet sich unterhalb des Bergstädtchens Grožnjan (37 km) und am früheren Parenzana-Bahnhof vorbei nach Südosten bis zur Trüffelhochburg Livade im Mirna-Tal (57 km).

Auf schmaler Spur: Mit dem Zweirad durch das grüne Binnenland Istriens.

Für eine Übernachtung empfiehlt sich die Fahrt hinauf nach Grožnjan, wo Gästezimmer vermietet werden. Nun geht's in Richtung Küste und anschließend wieder bergauf bis Vižinada (77 km), mit ca. 260 m der höchste Punkt der Strecke. Danach radeln Sie flott bergab und erreichen bei Kilometer 95 Poreč und das Meer.

Startpunkt der knapp 100 km langen Radtour, die man am besten in zwei Etappen aufteilt, ist Izola in Slowenien.
Endpunkt ist Poreč in Kroatien.
Übernachtung in Grožnjan z.B. bei € **Rooms Svalina**, Vincenta iz Kastva 5, Tel. 098/992 81 95, mit sicherer Abstellmöglichkeit für die Räder.

Südküste und Hinterland

*

MARKUSLÖWE UND DOPPELADLER

*

Istriens Südosten ist nicht auf venezianische Bilderbuch-panoramen abonniert – dafür findet sich hier mit Pula die einzige richtige Großstadt der Halbinsel. Die Donaumonarchie war in der Region ebenso prägend wie die Serenissima. Unabhängig von den jeweiligen Herrschern bewahrten Kirchen und Klöster im Hinterland das altkroatische Kulturerbe.

Die Arena von Pula, ein römisches Amphitheater, gehört zu den größten und besterhaltenen Bauwerken dieser Art.

Ein Schiff wird kommen: Von Fažana starten die
Fährboote zu den Brijuni-Inseln.

Ruine der Kirche Sveta Marija auf Veli Brijun,
der Hauptinsel des Archipels.

Warten auf die nächste Fähre: In sozialistischen Zeiten war der Archipel für die Öffentlichkeit
gesperrt, da Staatschef Tito hier seine offizielle Residenz hatte.

Von den 14 Inseln des Archipels ist nur die Hauptinsel Veli Brijun frei zugänglich. Zu besichtigen gibt es hier u.a. diese Ruinen einer römischen Villa aus dem 1. Jahrhundert.

Die Abenddämmerung senkt sich über den Hafen von Fažana; das letzte Ausflugsschiff zu den Brijuni-Inseln hat seine Ladung US-amerikanischer Touristen in die wartenden Busse entlassen. Veli Brijun, die größte Insel des unter Naturschutz stehenden Archipels vor der Südwestküste Istriens, verwandelt sich in einen durchsichtigen Schatten, der sich so ganz allmählich in der Dunkelheit auflöst. Irgendwo draußen blinken die Lichter von Kuttern, auf denen Fažanas Fischer auf Sardellenfang gehen. In der Konoba Stara gleich am Hafen wirft der Koch die frischen Fische auf den Grill. Rauchiges Knoblaucharoma weht herüber, doch Herr D. lässt sich nicht ablenken. Der istrische Geschäftsmann, der seinen Namen nicht öffentlich machen möchte, sieht Kroatiens Zukunft in etwa so düster wie Veli Brijuns Silhouette unter dem adriatischen Neumond. Die Arbeitslosigkeit ist hoch, berichtet er, vor allem unter Jugendlichen. Die Preise sind ebenfalls hoch, kaum jemand kann von einem Job allein leben. Einziger Hoffnungsträger sei der Tourismus, sagt Herr D. Läuft die Saison gut, herrscht zumindest im Sommer beinahe Vollbeschäftigung. Dann sprudeln auch die Steuereinnahmen. Doch was die Re-

gierung mit dem Geld macht, steht auf einem anderen Papier. „Schickt uns Angela!", fleht Herr D. seine deutschen Gesprächspartner an. Eine eiserne Sparerin würde in Kroatien dringend gebraucht.

TOURISMUSBOOM MIT HINDERNISSEN

Es sind immer die gleichen oder ähnlichen Geschichten, die Istriens Unternehmer erzählen: Nach der Unabhängigkeit

hauptmann Jörg Haider und die Hypo Alpe Adria die Halbinsel beglückten. Die besten Filetstücke an der Küste gerieten durch freundschaftliche Zusammenarbeit lokaler Politiker mit ausländischen Wirtschaftsbossen in die Hände undurchsichtiger Konsortien. Zwischen Fažana und Pula sollte eine neue „Brijuni-Riviera" entwickelt werden – in einem Naturschutzgebiet. Proteste verhallten ungehört. Das

DER LEGENDE NACH IST DER BRIJUNI-ARCHIPEL DER REST DES VON ENGELN GERETTETEN PARADIESES AUF ERDEN.

haben sie mit großem Elan zugepackt, Firmen aufgebaut, Handelsbeziehungen geknüpft. Aber viele Geschäfte laufen schlecht, blockiert durch alte Seilschaften, Korruption und Gesetze, die individuellem Engagement die Luft abdrehen. Zudem kaut man in Istrien noch an den Nachwirkungen der Manipulationen, mit denen der ehemalige Kärntner Landes-

Land wurde um einige krumme Ecken weiterverscherbelt. Ein paar Lokalpolitiker sitzen inzwischen im Gefängnis.

Eines der Projekte, bei denen es zum Glück hakt, sind die Brijuni-Inseln – ein wirklich bezaubernder Archipel, der seit 1983 als Nationalpark unter strengem Naturschutz steht. Schon die Römer siedelten hier. Im 19. Jahrhundert erkannte

Einheimische proben eine Tanzvorführung vor dem
Augustustempel in Pula.

Irischer Dichter im istrischen Pula: James Joyce in Bronze vor dem Café Uliks (Ulysses), …

… nur wenige Meter entfernt von dem im Jahr 30 v. Chr. errichteten, mit korinthischen Kapitellen und Reliefs geschmückten Sergier-Bogen (Slavoluk Sergijevaca).

WIE ROM, DAS EINSTIGE ZENTRUM DES ANTIKEN REICHS, LIEGT AUCH PULA AUF SIEBEN HÜGELN.

dann der österreichische Industrielle Paul Kupelwieser das touristische Potenzial, kaufte die Eilande und legte sie trocken (damals grassierte hier noch die Malaria). Die große Insel Veli Brijun wurde gerodet, bepflanzt, mit Hotels und Schwimmbad bebaut. Ein Golfplatz und ein Safaripark erweiterten das Angebot für gut betuchte Touristen. Als der Archipel nach dem zweiten Weltkrieg in Titos sozialistische Arme fiel, erwählte der ehemalige Partisanenführer Veli Brijun zur Lieblingsresidenz. Nach der Unabhängigkeit Kroatiens öffnete das Paradies vor der Küste seine Tore für alle.

Es dauerte lange, bis der Insel zumindest ein Teil des sozialistischen Luxusflair ausgetrieben werden konnte – Investoren rissen sich nicht gerade darum. Heute ist immerhin eines der beiden Hotels modernen Standards entsprechend renoviert. Doch Veli Brijun wirkt immer noch abgeschieden und friedlich.

PULA UNTER DEM DOPPELADLER
Mindestens ebenso prägnant über der Halbinsel wie der venezianische Markuslöwe schwebt der Habsburger Doppeladler. Überdeutlich prägt er Pula, wenngleich die meisten Besucher in der großen Hafenstadt an der Südspitze Istriens nur die eindrucksvoll erhaltene römische Arena würdigen. Pula war von 1867 bis

1918 Österreichs Kriegshafen; um diesen zu sichern, wurden keine Kosten und Mühen gescheut. 26 Festungen, 68 Batterien sowie Schanzen, Tunnel und vieles andere mehr schützten in einem 40 000 Hektar großen Ring die Stadt. Zeitweise waren 51 000 Soldaten und über 1400 Offiziere in diesem Bollwerk stationiert. Doch angegriffen wurde Pula nie.

Die meisten Anlagen bröckeln heute zwischen Macchia und Zistrosen vor sich hin. Fort Burguingon diente einige Jahre als Kulisse für eine deutsche TV-Soap, Fort Punta Christo empfängt regelmäßig die Rave-Gemeinde zu Festivals oder besonderen Events, in Fort Verudela sind Aquarien und Fische eingezogen – aber was soll Pula mit den restlichen 23 Forts, mit Unterkünften und Kasernen anfangen? Keine Gemeinde könnte allein die zur Renovierung nötigen Kosten stemmen.

JAMES JOYCE – VERKANNTES GENIE IM MARITIMEN SIBIRIEN
An seinem Kaffeetischchen gleich neben dem römischen Sergier-Bogen, der von Pulas Altstadt hinausführt in die neueren Bezirke, wirkt der bronzene James Joyce ganz entspannt. In Pula möchte man den irischen Schriftsteller nachvollziehbarerweise lieber so in Erinnerung behalten denn als ewig unzufriedenes,

Südöstlich von Pula mündet Istriens Südspitze in das Kap Kamenjak, ein Paradies für Segler …

… und Naturliebhaber, die die wildromantische, von Macchia überzogene Felslandschaft ebenso zu schätzen wissen wie die schönen kleinen Buchten mit ihrem klaren Wasser.

Am südlichsten Punkt der Halbinsel Kamenjak kann man in der Safari Bar bei Lounge-Musik, Drinks und Snacks in den Tag hinein träumen.

Fahrradtour auf der Halbinsel Kamenjak: So kann man Istriens wilden Süden am besten erkunden.

Die Römer in Istrien

Special

Brot und Spiele

....

Das Amphitheater in Pula ist das imposanteste Zeugnis des römischen Herrschaftsanspruches über Istrien. Dabei hatten die Römer lange nur wenig Interesse an der Halbinsel.

Die Römer näherten sich Istrien nur zaghaft. Wirklich erschlossen wurde es erst unter Gaius Iulius Caesar ab dem Jahr 58 v. Chr. Er verteilte Land an Veteranen und ließ den Widerstand der Einheimischen brutal brechen. Um die christliche Zeitenwende unter Kaiser Augustus galt Istrien schon als Teil des römischen Reiches. Augustus war es auch, der dem heutigen Pula das Amphitheater schenkte. Rund 23 000 Zuschauer fanden darin Platz. Die römischen Bewohner der Stadt müssen wohlhabend gewesen sein. Wie sonst hätte sich die Familie der Sergier den um das Jahr 25 errichteten Sergier-Bogen leisten können, einen Triumphbogen, mit dem sie sich selbst feierte?

Der gesamte westliche und südliche Küstenstreifen trägt ebenso wie die

Gewaltig: Pulas Amphitheater.

Brijuni-Inseln Erinnerungen an Roms Herrschaft in Form von Hafenbefestigungen, Thermenanlagen und Landhäusern (villae rusticae). Doch ab dem 4. Jh. zerfiel das Reich, ab dem 6./7. Jh. kamen andere Eindringlinge: Slawen siedelten sich an. Die römischen Bauten dienten künftig als Steinbruch.

Dass Pulas Amphitheater trotzdem überdauert hat, ist wohl der Legende zuzuschreiben, Riesen hätten das monumentale Oval errichtet. An deren Werk vergriff man sich besser nicht.

sich in diesem „maritimen Sibirien" verkannt fühlendes Genie. Glücklich war der Autor des „Ulysses" nicht in dieser Stadt, in der er in den Jahren 1904 und 1905 österreichischen Marineoffizieren Englisch beibrachte. Istrien sei ein „langweiliger Fleck, bevölkert von ungebildeten Slawen mit kleinen roten Kappen und riesigen Breeches", schrieb er zu Silvester 1904 an eine Bekannte, und das heutige Pula „ein gottverlassener Fleck". Das würde er vermutlich nicht wiederholen: Heute ist Pula quicklebendig, die Stadt vibriert geradezu und ist keineswegs in der Vergangenheit stehen geblieben. Im Gegensatz zu vielen anderen Küstenorten sieht man Pula an, dass hier bodenständig gearbeitet wird. Werften und Bauunternehmen stellen weitaus mehr Jobs als der Tourismus.

DAS KULTURELLE HERZ ISTRIENS

Auch Labin, weiter nördlich an der Ostküste über der tief eingeschnittenen Bucht von Rabac gelegen, besitzt trotz seiner von steilen Gassen durchkreuzten malerischen Altstadt einen eher werktätigen Charme. Die Region ist reich an Bodenschätzen, weshalb bis in die 1970er-Jahre aus dem Berg unter Labins Altstadt Kohle gefördert wurde. 1921 stellten sich die Kumpel den italienischen Besatzern entgegen und riefen die Labiner Repu-

Die Konoba Batelina in Pula zählt zu den besten Restaurants in Istrien. Vater Danilo ist für die traditionelle Fischküche zuständig, Sohn David (unten rechts) experimentiert erfolgreich mit Adria-Sushi.

Im Scheitel der Bucht von Rabac unterhalb von Labin führt die Strandpromenade an einem schönen Kiesstrand entlang.

WEGEN SEINER MALERISCHEN LAGE ENTWICKELTE SICH RABAC SCHON FRÜH ZUM BELIEBTEN BADEORT.

blik aus. Nach 30 Tagen war das Experiment der Selbstverwaltung beendet – es ging als erster antifaschistischer Aufstand in die Geschichtsbücher ein. Italien war 1921 zwar noch eine parlamentarische Monarchie, aber der Schatten Mussolinis, der ein Jahr später den ersten Schritt zur Macht tun sollte, zeichnete sich nicht nur im besetzten Istrien bereits ab.

Über winzige Dörfer wie Kršan, Pićan und Gračišće, die sich um mittelalterliche Plätze und archaische, mit Fresken geschmückte Kirchen scharen, führt eine Straße durch Wälder und Felder mitten hinein in Istriens Herz: „Mitterburg" nannten es die Österreicher, „Pisino" die Italie-

ner, „Pazin" die Kroaten. Seit alters her gelten Burg und Stadt als Mittelpunkt Istriens; hier tagte traditionell das istrische Parlament, der Sabor, und heute ist Pazin Sitz der *župa* (Gespanschaft), der Verwaltungseinheit Istrien, wenngleich Pula die Wirtschaftskapitale ist.

KULTURELLES ZENTRUM

Pazin, erbaut aus grauem, istrischen Kalkstein, fungiert auch als kulturelles Zentrum der Region. Vladimir Nazor, Kroatiens bedeutender Poet, hat am hiesigen Gymnasium in den Jahren 1903 bis 1906 unterrichtet, die Stadtbibliothek betreibt ein ambitioniertes Programm mit

Etwa 320 Meter hoch über der Bucht von Rabac liegt Labin, eine der am besten erhaltenen istrischen Bergstädte (oben ein Blick ins Stadtmuseum, darunter das von schmalen steilen Gassen durchzogene Häuserlabyrinth der Altstadt mit dem heute das Stadtmuseum beherbergenden Barockpalast Battiala-Lazzarini, ganz rechts ein offenbar gut trainierter Mountainbiker auf der Strecke von Rabac nach Labin. In den umliegenden Wäldern suchen Trüffeljäger (ganz rechts unten: Danijela Puh mit ihrer treuen vierbeinigen Gefährtin) nach der Edelknolle.

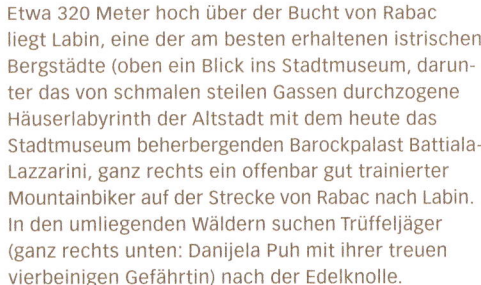

Lesungen junger Autoren, und die Gemeinde leistet sich ein Literaturhaus, die Kuća za pisce, in dem Schriftsteller mit einem Stipendium versehen jeweils einen Monat wohnen und arbeiten können.

DANTE UND JULES VERNE

Geradezu bizarr wirkt die Lage des Kastells, dessen Grundstein bereits im 10. Jahrhundert gelegt wurde – aus dieser Zeit datiert die erste Erwähnung eines Castrum Pisinum. Es thront über der 130 Meter tief eingeschnittenen Schlucht des Flusses Pazinčica, der direkt unter der Burg in einem Schluckloch verschwindet und seinen Weg unterirdisch fortsetzt. Ans Tageslicht kommt die Pazinčica irgendwo im Tal des Flusses Raša, 15 bis 20 Kilometer Luftlinie von Pazin entfernt. Dieses Karstphänomen konnte bis heute nicht abschließend erforscht werden – zu gefährlich wäre es, dem Fluss auf seinem Weg durch den Untergrund zu folgen. Und es hat auch die Fantasie vieler Autoren beschäftigt. Jules Verne, der seinen Grafen Mathias Sandorf 1885 auf eben diesem Weg durch die Höhle aus dem Paziner Kastell flüchten ließ, war nicht der einzige. Vladimir Nazor ließ sich von den um den Schlund kreisenden Legenden zu seinem Roman „Veli Jože" inspirieren. Das fantasievollste Zeugnis der Karstwelt unter dem Kastell legte Dante Alighieri ab – der düstere Felsspalt soll ihm als Vorbild für die Höllenpforte seiner Divina Commedia gedient haben.

GRAFFITI FÜR GOTT

Pazin war nicht nur Mittelpunkt des unter österreichischer bzw. habsburgischer Herrschaft stehenden Istriens, es war auch ein Zentrum der glagolitischen Kultur. Die von Steinskulpturen gesäumte Straße der Glagoliter zwischen Roč und Hum erinnert daran: Mit der *Glagolica*, einer Weiterentwicklung des griechischen Alphabets, fasste der Slawenapostel Kyrill im 9. Jahrhundert altkroatische Kirchentexte in Schriftform. In den Klöstern Kroatiens wurde diese Schrift lange überliefert. Ihre Verbreitung ging einher mit der

Nach einer sorgfältig gepflegten Legende ist Hum die „kleinste Stadt der Welt".

Der Abstieg in die Schlucht von Pazin sollte nur mit einem kundigen Guide erfolgen – bei Regen kann das Wasser hier abrupt ansteigen.

Mit Haken und Ösen an der Zip LIne, einer Seilrutsche, befestigt, gleiten Mutige gefahrlos über die 220 Meter lange Schlucht von Pazin.

Das im Kastell untergebrachte Stadtmuseum von Pazin birgt auch eine Glockensammlung.

Totentanz-Fresko (1474) im Friedhofskirchlein Sv. Marija na Škriljinah in Beram: ein einzigartiges Memento mori von Meister Vinzent aus Kastav.

ISTRIEN IST EIN »ITALIEN, DAS NICHT IN ITALIEN LIEGT«.

PIER PAOLO PASOLINI

Blüte einer reichen Buchkultur, deren Schätze einige Konvente heute noch hüten. Im sozialistischen Jugoslawien, das die Klöster nicht förderte, geriet die Glagolica fast in Vergessenheit. Immerhin setzte Leoš Janáček der Sprache ein klingendes Denkmal mit seiner in den Jahren 1926 und 1927 entstandenen „Glagolitischen Messe" (Missa solemnis) für Soli, gemischten Chor, Orgel und Orchester. Den glagolitischen Text dafür bekam der tschechische Komponist von einem Prager Philologen, und Janáček war von dieser Sprache so fasziniert, dass er sie seiner Komposition zugrunde legte.

Die Kroaten besannen sich erst in der zweiten Hälfte des 20. Jahrhunderts wieder mehr auf ihr Erbe und setzten sich nun auch künstlerisch damit auseinander. Damals entstand die Allee, an der man die sechs Kilometer zwischen den beiden mauerbewehrten Städtchen wunderbar entlang wandern und dann in der ländlichen Humska Konoba zu einem Lammgericht aus der Peka und aromatischem Biska-Schnaps einkehren kann.

BIBLISCHES BILDERBUCH

Wie lebendig die Glagolica in früheren Zeiten war, lässt sich an der wunderbaren Friedhofskirche Sv. Marija na Škriljinah (hl. Maria im Fels, auch: hl. Maria auf Steintafeln) unweit des Dorfes Beram

ablesen: Das überreich mit Fresken ausgemalte Gotteshaus, in dem die Heiligen Drei Könige durch ein istrisches Landschaftstableau nach Bethlehem reiten, Szenen aus dem Leben Jesu und Maria sowie verschiedene Heilige und Kirchenväter dargestellt werden, birgt auch Glagolica-Graffiti. Dieses kunterbunte biblische Bilderbuch, heute ein kostbares Zeugnis naiver Renaissancemalerei, diente vor rund 500 Jahren als eine Art „schwarzes Brett", auf dem die damaligen Mönche ihre Kommentare hinterließen. („Du Esel, schlag diesen heiligen Mann nicht", kritzelte da zum Beispiel jemand in Glagolica neben die Geißelung Christi.)

Interessant ist auch die Gestaltung von Jesus Christus über der Eingangstür des von einer Vorhalle mit Säulen gestützten Kirchleins: Er scheint die Betrachter immer anzusehen, egal, von welcher Seite man ihn betrachtet.

STADT DER TRÜFFEL

Auch Buzet mit seinen auf einem kegelförmigen Hügel hoch über dem Mirna-Tal stehenden Patrizierhäusern war seit dem 9. Jahrhundert gemeinsam mit den Städtchen Hum und Roč ein Zentrum der glagolitischen Schrift. Heute wird Buzet auch „Stadt der Trüffel" genannt – in den umligenden Wäldern gedeiht die Edelknolle ganz besonders gut.

Istrisches Multikulti

VIELE VÖLKER, VIELE SPRACHEN, EINE HALBINSEL

Venezianischer Markuslöwe kontra istrische Ziege – die beiden Wappen, die das Schicksal Istriens bestimmten, könnten nicht geschickter gewählt sein. Hier das stolze, schöne Raubtier, das herrscht, dort das genügsame, anpassungsfähige Nutzvieh, das mit wenig bis nichts zufrieden ist; hier die Italiener, dort die Slawen. Doch die Gegensätze sind vordergründig, dahinter entwickelte sich eine multikulturelle Gesellschaft: die istrische.

Man muss nur die Ortsschilder lesen, um zu erkennen, dass die Halbinsel Istrien ethnisch, sprachlich und kulturell mindestens zweigeteilt ist: Novigrad (Cittanova) steht da oder Vrsar (Orsera). Die Besiedlung durch Slawen wie Italiener geht auf uralte Zeiten zurück. Lange hielt sich jedes Volk an seine Seite – die Italiener, damals Beamte, Händler und Seeleute aus Venedig, bewohnten die Küstenregionen. Slowenen und Kroaten bestellten als Bauern das Binnenland. In den Kontaktzonen vermischten sich die Volksgruppen miteinander – und mit jenen, die wirtschaftliche Not, Krieg oder Krankheiten aus ihrer Heimat vertrieben, so die aus Rumänien stammenden Ćiribirci oder Tschitschen. Allein die Zahl der in Istrien gesprochenen Dialekte, die von Linguisten zum Teil als eigenständige Sprachen behandelt werden, ist erstaunlich: Da wäre das Tschakawische (Čakavsko), die lokale Variante des Kroatischen, dann das Istro-Romanische (Istrioto), das der in Pula geborene Journalist Guido Miglia als „Dialekt voll Musik,

ähnlich jenem, den man von den Balkonen um den Rialto hören kann" beschrieb. In einigen Dörfern wird von Einwanderern aus dem Kosovo albanisch gesprochen, auf der Hochebene der Ćićarija hat sich der istro-rumänische Duktus der Tschitschen erhalten, in der Ortschaft Peroj siedeln Montenegriner, und in Pula parlieren einige ältere Herrschaften nach wie vor in gepflegtem Österreichisch.

VISION EINES KÜNFTIGEN EUROPA?

Liest man in den literarischen Liebeserklärungen des istrischen Autors Fulvio Tomizza an seine Heimat, erscheint das multikulturelle und friedliche Istrien des 19. Jahrhunderts wie die Vision eines künftigen Europa. Doch der Frieden währte nicht ewig. Als die politische Ordnung mit dem Ende der Habsburger Herrschaft zu bröckeln begann, kamen auch Istriens Völker in Bewegung und entwickelten Nationalbewusstsein. Mal vergaß der eine, mal der andere die jahrhundertealte Toleranz. Als Italien die Halbinsel 1918 besetzte, untersagte man auf Ämtern und in Schulen das Spre-

Amtssprache in Istrien ist Kroatisch, das zur Gruppe der südslawischen Sprachen gehört. Geschrieben wird offiziell in lateinischer Schrift.

Beim mittelalterlichen Stadtfest von Buzet besinnen sich die Istrer auf ihre ureigene Tradition. Geprägt wird die istrische Gesellschaft aber heute von einer multikulturellen, mindestens zweisprachigen Gegenwart.

Literaturtipp

....

Fulvio Tomizzas Romane „Materada" und „Eine bessere Welt" erzählen beide von Istrien in den Umbruchjahren zwischen dem Ersten Weltkrieg und den 1950er-Jahren. Sie sind derzeit nur noch antiquarisch zu bekommen.

chen slawischer Dialekte und italisierte slawische Namen. Im Jahr 1943, als jugoslawische Partisanen die italienischen Faschisten besiegten, setzte ein Exodus der Italo-Istrer ein, der Städte wie Pula fast entvölkerte. Istrien, das im Jahr 1900 noch knapp 350 000 Einwohner gehabt hatte, zählte nach den Vertreibungen nur noch die Hälfte.

ITALIENISCH ALS ZWEITE AMTSSPRACHE

Heute scheinen die Wunden dieser Ausgrenzungen geheilt. Von den inzwischen wieder rund 300 000 Istrern gehören 70 Prozent der kroatischen, 25 Prozent der slowenischen und fünf Prozent der italienischen Bevölkerungsgruppe an. Beim Einkaufen auf dem Markt hört man Kunden und Händler ebenso häufig auf Istriotisch wie auf Čakavsko miteinander verhandeln. Italiener genießen Minderheitenrechte, was in den mehrsprachigen Orts- wie Amtsschildern und in der Verwendung des Italienischen als zweite Amtssprache zum Ausdruck kommt.

Zudem erweist sich das italienische Element als touristisch besonders attraktiv: Das trifft nicht nur auf venezianische Städtchen, sondern auch auf Küche und Lebensart zu.

So haben die kroatischen Istrer den *korzo* assimiliert und bummeln ebenso gerne die Uferpromenaden auf und ab wie ihre italienischen Landsleute. Und viele, die eigentlich slawischer Herkunft sind, schmücken sich mit italienischen Namen. Sehr zum Unwillen von Fulvio Tomizza, der stolz von seinem Heimatdorf Materada berichtet, es habe „den Charakter eines Istrien bewahrt, das sehr verschieden ist vom offiziellen – venezianischen – Istrien".

Dieses Istrien gilt es zu suchen: Auf dem Wochenmarkt von Pazin etwa, wo Bauern und Händler aus allen Teilen der Halbinsel zusammenkommen, um ihre Geschäfte zu tätigen. Beim Treffen der Harmonikaspieler in Roč oder zur Jakovlja in Kanfanar, wo der traditionelle Dudelsack, *mih*, geblasen wird. Oder aber auf den Spuren von Fulvio Tomizza, in dessen Romanen es sich spiegelt.

DINO-SPUREN, GLADIATOREN-KERKER UND WINDSURF-SPOTS

Istriens Südspitze rund um die Hafenstadt Pula verbindet kulturelle Highlights wie das antike Amphitheater oder die mit faszinierenden gotischen Fresken geschmückte Wallfahrtskirche Maria im Fels bei Beram mit idyllischen Natur-landschaften wie dem Brijuni-Archipel.

① Fažana und die Brijuni-Inseln

Fažana (3000 Ew.) wirkt, als sei hier die Zeit stehen geblieben. Nur tagsüber, wenn Reise-gruppen die Fähre nach Veli Brijun besteigen, dem größten Eiland der **Brijuni-Inseln** TOPZIEL, kommt Hektik auf.

SEHENSWERT
An der schattigen **Uferpromenade** oder vor der **Kirche Sv. Kuzme i Damjana** in Fažana sitzen die Alten und plaudern; ein paar Fischer fahren hinaus oder kehren zurück. Nichts lässt vermuten, dass in dem kleinen **Hafen** schon Persönlichkeiten wie Sophia Loren, Richard Burton oder Königin Elisabeth II. begrüßt wur-den. Sie alle besuchten **Veli Brijun**. Auf dieser ab Ende des 19. Jh.s für den Kurtourismus er-schlossenen Insel besaß der damalige jugosla-wische Präsident Tito ab 1947 einen Sommer-sitz. Die Überreste eines **jungsteinzeitlichen Dorfes** in der **Bucht Javorika** sowie Funda-mente einer römischen **Villa Marittima** in der **Bucht Verige** führen weit zurück in die Ge-schichte. Ein byzantinisches **Castrum** (5. Jh.) und mehrere **altkroatische Kirchen** bezeu-gen die kontinuierliche Besiedelung. Der tou-ristischen Erschließung durch Paul Kupelwie-ser Ende des 19. Jh.s sind die Hotels und der **Safari-Park** zu danken. Reizvoll ist die teils gestaltete, teils naturbelassene Landschaft von Veli Brijun mit ihren Wäldern aus Steineichen und Erdbeerbäumen. Eine Touristenbahn fährt zu den Sehenswürdigkeiten (Abfahrt der Schiffe und geführte Rundfahrt in der Saison stündlich). Wer die Insel lieber auf eigene Faust besichtigen möchte, der kann an der Anlege-stelle Golf-Carts oder Fahrräder leihen.

RESTAURANT/HOTEL
Mit Blick auf den Hafen von Fažana wohnen Sie in der **€€ Villetta Phasiana**, einem historisch möblierten Stadthaus (Trg Sv. Kuzme i Damjana 1, Tel. 052/52 05 58, www.villetta-phasiana.hr). Die **€€ Stara Konoba** hat sich mit authenti-scher istrischer Küche einen Namen gemacht (Trg stare škole 1, Tel. 052/52 18 10, www.face book.com/stara.konoba.fazana).

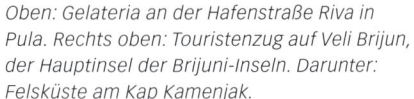

Oben: Gelateria an der Hafenstraße Riva in Pula. Rechts oben: Touristenzug auf Veli Brijun, der Hauptinsel der Brijuni-Inseln. Darunter: Felsküste am Kap Kamenjak.

ERLEBEN
Eine Lizenz für **Tauchgänge** im Nationalpark besitzen mehrere Tauchzentren in der Region. Wer Tauchexkursionen durchführen darf, er-fährt man bei der Nationalparkverwaltung.

INFORMATION
Nationalpark Brijuni, Fažana, Tel 052/52 58 83, www.np-brijuni.hr

② Pula

Die Hafenstadt mit ihren heute rund 57 000 Einwohnern liegt an einer tiefen Bucht. Unübersehbare Landmarke ist das römische Amphitheater. Die Altstadt schmiegt sich in einem Bogen um den Hügel mit dem Kastell.

SEHENSWERT
Pulas im 1. Jh. erbautes **Amphitheater** zählt mit 35 m Höhe und 135 m auf 105 m messen-der Ellipse zu den größten des Römischen Rei-ches. Im Untergeschoss, wo einst Gladiatoren

auf ihren Auftritt warteten, erläutert heute eine Ausstellung die Geschichte der Olivenölgewin-nung (Juli/Aug. 8.00–23.00, Juni bis 22.00, Mai/ Sept. bis 21.00 Uhr, Okt.– April eingeschränkt.). Die **Kandlerova ulica** führt vorbei am **Dom Sv. Marije** mit Renaissancefassade und einem präromanischen Sarkophag als Teil des Altars. Das ehemalige Forum ist auch heute Mittel-punkt der **Altstadt**. Der elegante **Augustus-tempel** (1. Jh.) und die im **Rathaus** sichtbaren Fundamente des **Dianatempels** kontrastieren mit der Barockbebauung des Platzes. Wo sich die **Ulica Segijevaca** etwas weitet, verbirgt sich in einem Wohnhaus das **Bodenmosaik der „Bestrafung der Dirke"** (3. Jh.). Die Straße endet am **Triumphbogen der Sergier** (29 v. Chr.). **Giardini** heißt die **Flaniermeile** durch die **Neustadt**, die östlich des Kastellhü-gels nach Norden zur **Porta Gemina** und zum **Archäologischen Museum** führt (derzeit wg. Renovierung geschl.). Lohnenswert ist ein Ab-stecher zu Pulas **Markt tržnica** am **Narodni trg** mit seiner historischen Markthalle. Südlich der Stadt, auf der Halbinsel **Verudela**, beher-bergt das **österreichische Fort Verudela** ein interessantes **Aquarium** (Nov.–März Mo.–Fr. 9.00–16.00, Sa./So 9.00–17.00, sonst tgl. April, Okt. 9.00–18.00, Mai 9.00–20.00, Juni, Sept. 9.00–21.00, Juli/Aug. 9.00–22.00 Uhr, www.aquarium.hr).

CAFÉ UND RESTAURANT
Wie bei Muttern fühlt man sich in der **€ Vodnjanka** dank der schnörkellosen istrischen Küche (Vitezića 4, Mobil-Tel. 098/175 73 43). Ins **€ Kunstcafé Cvajner** zu Kaffee und Kuchen zu gehen, ist Tradition in Pula (Forum 2).

HOTELS
Gleich neben der Arena wohnen Sie im schicken **€€ Hotel Amfiteatar** sehr zentral (Amfiteatrska 6, Tel. 052/37 56 00, www.hotelamfiteatar.com).

INFORMATION
Info Point, Forum 3, Tel. 052/21 91 97, www.pulainfo.hr

❸ Medulin

Die Stadt ist Mittelpunkt des Feriengebiets an der Südspitze Istrien, die Küste mit Kaps, Buchten, Inselchen ein Paradies für Wasserratten.

Tipp

Alles bio!

200 Ziegen knabbern rund um die **Stancija Kumparička** bei Krnica an Kräutern. Aleš Winkler, ein früherer Rechtsanwalt, hat den 600 Jahre alten Hof zufällig entdeckt, gekauft und hält nun dort Ziegen. Bei Aleš ist alles bio, was man bei dem mit Thymian oder anderen Kräutern gewürzten Frisch- und Hartkäse auch durchaus herausschmeckt. Inzwischen beliefert der passionierte Hobby-Landwirt Spitzengastronomen zwischen Umag und Rovinj.

INFORMATION
Stancija Kumparička, bei Krnica, Mobil-Tel. 099/797 08 84, www.kumparicka.com, Verkaufsstand auf dem Markt von Pula

Oben: an der Halbinsel Kamenjak. Rechts oben: Altstadtgasse in Labin. Darunter: Lichtinstallation von Dean Skira in der Werft Uljanik in Pula.

SEHENSWERT
Die **Halbinsel Kamenjak** reckt sich vom Badeort Premantura aus rund 3,5 km nach Südosten. Sie steht als Naturpark mit seltenen Orchideen und einer kleinen Kolonie von Mönchsrobben unter Schutz. In den Küstenfelsen im Nordwesten haben Dinosaurier ihre dreizehigen Spuren hinterlassen. Mit einem robusten Rad kann man schöne Touren unternehmen und mit einem Bad im Meer beenden.

RESTAURANT
Die **€ Safari Bar** auf der Halbinsel Kamenjak besteht aus Sperrmüllinventar und Schilfhütten. In diesem urigen Ambiente schmecken Čevapčići oder Sardinen vom Grill (nur im Sommer).

WINDSURFEN
Windsurfing Centar Premantura, Tel. 091/512 36 46, www.windsurfing.hr

INFORMATION
TZ Medulin, Brajdine 41, Tel. 052/57 71 45, www.medulinriviera.info

❹ Rabac und Labin

Das historische Labin (7000 Ew.) hoch über der Küste und der Ferienort Rabac (1400 Ew.) bilden eine Gemeinde. In Labin lebte man bis in die 1960er-Jahre vom Kohlebergbau; heute ist der Tourismus an dessen Stelle getreten.

SEHENSWERTES/MUSEUM
Die am Hang gelegene **Altstadt** von Labin betritt man durch das **Uskokentor** (16. Jh.). Die **ulica 1. Maja** führt steil bergauf, vorbei an der mit einem Markuslöwen geschmückten **Renaissancekirche Sv. Marije** und dem barocken **Palazzo Battiala-Lazzarini** (Volkskundemuseum mit Fundstücken aus Römerzeit und Mittelalter, Fr.–So. 11.00–15.00 Uhr). Von der Spitze eines 35 m hohen **Wachtturms** eröffnet sich ein schöner Blick über die Altstadt bis zum Meer (Sommer tgl. 9.00–14.00, 15.00–19.00 Uhr).

RESTAURANT/HOTEL
€€ Due Fratelli gilt als eine der besten Adressen für frische Fischküche (Montozi 6, Tel. 052/85 35 77). In der **€€€ Villa Annette** finden Individualisten angenehme Unterkunft (Raška 24, Tel. 052/88 42 22, www.villa-annette.com).

INFORMATION
TZ, Aldo Negri 20, Tel. 052/85 55 60, www.rabac-labin.com

❺ Pazin

Pazin (4300 Ew.) gehörte ab dem Jahr 1273 zum Habsburger Herrschaftsbereich. Ungewöhnlich ist die Lage auf einem Karstplateau oberhalb einer Schlucht der Pazinčica.

SEHENSWERT/MUSEUM
Das mächtige **Kastell**, dessen Wurzeln bis ins 10. Jh. zurückreichen, beherrscht die **Altstadt**. Sein heutiges Aussehen erhielt es erst um das 16. Jh. herum. Das darin untergebrachte **Ethnografische Museum Istriens** zeigt Trachten, Arbeitsgerät und archäologische Funde (Di. bis So. 10.00–18.00 Uhr, www.emi.hr). Ein **botanischer Lehrpfad** führt unweit des Hotels Lovac vom Schluchtrand hinunter bis zum Eingang der **Paziner Höhle** (Pazinska jama). Tafeln erläutern die Botanik und charakteristische Karstphänomene (Besicht. n. Anmeldung bei Speleološko društvo Istra, Mobil-Tel. 091/512 15 28, www.facebook.com/speleoloskodrustvoistra).

UMGEBUNG
Rund 6 km nordwest. verbirgt sich bei **Beram** die gotische **Kirche Sv. Marija na Škriljinah** (hl. Maria im Fels oder auch hl. Maria auf den

IM NORDWESTEN DER HALBINSEL KAMENJAK HINTERLIESSEN DINOSAURIER IHRE DREIZEHIGEN SPUREN.

Tipp

In luft'ger Höh'

Schwindelfrei sollte man schon sein, wenn man in Pazin auf der **ZIP-Line**, einem quer über den Abgrund gespannten Drahtseil hängend, in 100 Metern Höhe über der Schlucht dahinrasen will. Ein herrliches Abenteuer!

INFORMATION
Start unter dem Hotel Lovac, Tel. 091/543 77 18, www.facebook.com/zipline.pazin, Mai–Sept. tgl. 10.00–19.00 Uhr

Steintafeln) in einem Wäldchen. 1474 malte sie ein Meister Vincenc aus Kastav mit Fresken aus (Schlüssel in Haus 38 neben der Kirche).

INFORMATION
TZ, Velog Jože 1, Tel. 052/62 24 60, www.central-istria.com

6 Buzet

Neben Livade ist **Buzet** ein Zentrum der Trüffeljäger. Die Siedlung empfängt Besucher mit einem Markuslöwen am Stadttor und ist ein guter Ausgangspunkt für Touren in die Umgebung.

RESTAURANT/HOTEL
Trüffel in verschiedensten Variationen stehen in der €€ **Stara Oštarija** (Petra Flegla 5, Tel. 052/69 40 03, www.facebook.com/Tarufispecijaliteti) auf der Speisekarte. Von den geschmackvollen Zimmern des €€ **Hotels Vela Vrata** eröffnet sich ein weiter Blick über die Hügel (Šet. Vladimira Gortana 7, Tel. 052/49 47 50, www.velavrata.net).

SHOPPING/ERLEBEN
Im Laden **Zigante Tartufi** erwartet Sie ein breites Trüffelsortiment (Trg Fontana, www.zigante tartufi.com). Mit Goran Karlić können Sie auf Trüffeljagd gehen (Karlić Tartufi, Paladini 14, Tel. 052/66 73 04, www.karlictartufi.hr).

UMGEBUNG
Roč (8 km östl.) verbirgt sich hinter mächtigen Mauern, ein Werk der Venezianer aus dem 15. Jh. Sollte die Kirche Sv. Bartula geöffnet sein, lohnt ein Blick in die mit Fresken ausgemalte, romanische Kapelle Sv. Roka. Von Roč führt die 7 km lange, von modernen Steinskulpturen gesäumte Allee der Glagoliter nach **Hum**, das sich mit zuletzt nur noch 17 Ew. als „kleinste Stadt der Welt" bewirbt (weil städtische Institutionen wie Bürgermeister und Verwaltung pro forma aufrechterhalten werden). Nordöstlich von Buzet erhebt sich das fast senkrecht abfallende, bei Paraglidern beliebte Karstplateau der **Ćićarija**.

INFORMATION
TZ, Šet. Vladimira, Gortana 9, Tel. 052/66 23 43, www.tz-buzet.hr

DAS GEHEIMNIS DER PERFEKTEN FISCHKÜCHE ...

... und welcher istrische Wein dazu passt – das verrät Ihnen Goran Zgrablić bei einem ganztägigen Kurs in seinem Küchenatelier in Medulin. Zunächst führt er die Hobbyköche auf den Fischmarkt von Pula, wo es die besten und frischesten Zutaten für das viergängige Menü gibt. Wolfsbarsch, Kvarner Scampi, eine zarte Dorade landen im Einkaufskorb, dazu Weißbrot und knackiger Salat. Dann geht's nach Medulin, wo Goran mit der hohen Kunst des Filetierens beginnt.

Kein istrisches Sashimi ohne perfekt filetierten Fisch, lernen die Teilnehmer. Und während der entgrätete Wolfsbarsch in gutem istrischem Olivenöl und Salzblüte aus dem slowenischen Piran mariniert, stimmt Goran seine Gäste mit einer Verkostung bester einheimischer Olivenöle ein.

Als nächstes steht Risotto mit Scampi auf dem Plan, mit jedem Rühren wird es cremiger. Gleichzeitig verkostet die Gruppe das Wolfsbarsch-Sashimi – einfach himmlisch, und das nicht zuletzt dank des exzellenten Öls! Auch das Risotto ist gelungen: bissfest der Reis, zart schmelzend die Scampi.

Wenn die Qualität der verwendeten Produkte stimmt, wie hier der Dorade vom Grill, kann die Zubereitung ganz einfach sein – einfach gut.

Dazu serviert Goran istrischen Malvazija von einem kaum bekannten Winzer. „Ein aufsteigender Stern", schwärmt er, „von dem werden wir noch viel hören".

Das Hauptgericht, die Dorade vom Grill, ist ebenso simpel wie überzeugend. Fisch auf den Grill, mit Öl eingepinselt, kurz vor Schluss kommen Knoblauch und Kräuter dazu. Die Panna Cotta zum Abschluss hat Goran bereits vorbereitet, aber sie wäre gar nicht mehr nötig gewesen. Seine Lehrlinge schwelgen längst im siebten Fischgourmet-Himmel.

Goran Zgrablić bietet in den Sommermonaten verschiedene halb- und ganztägige Kochkurse in seinem Studio in Medulin an. Viele dieser Kurse beginnen mit einem Einkaufsbummel durch Pulas Markthallen.
Teilnehmerzahl: 2–15
Dauer: 9.00–18.00 Uhr
Preis: auf Anfrage, je nach Teilnehmerzahl
Anmeldung: Tel./Whatsapp Mobil-Tel. 091/915 78 10 oder per E-Mail über https://eatistria.com

Kvarner Küste

*

KÜSTENLAND IM DREIVIERTELTAKT

*

Klassizistische Villen und Hotels stehen in einem Blütenmeer aus Oleander, Hibiskus und Bougain-villea, selbst im Winter um-schmeicheln Blütenzauber und weiche Luft die Promenaden der nostalgischen Seebäder an der Kvarner Riviera. Willkommen in einer immer noch vielerorts mondän anmutenden Welt, in der bis heute die Zeit langsamer zu vergehen scheint.

Nachmittagsidyll im Dörfchen Mošćenice, das sich malerisch an das Gebirgsmassiv der Učka schmiegt.

Carpe diem: Stadtbummel in Opatija (hier bei der Caffeteria Continental).

Ständchen zur Blauen Stunde vor dem Hotel Miramar an der Riviera von Opatija, dem früheren österreichisch-ungarischen, zwischen den Kriegen italienischen Abbazia.

Blütenzauber und weiche Luft genießt man beim Promenieren entlang der Seepromenade Opatijas.

Das „Mädchen mit der Möwe" ist eine 1956 auf einer kleinen Halbinsel vor dem einstigen Friedhof von Opatija aufgestellte Bronzestatue des Bildhauers Zvonko Car.

Am Hafenbecken von Volosko sitzen die Gäste des Restaurants Plavi Podrum mit Blick auf die romantische Kulisse der im Wasser schaukelnden Boote und genießen exquisite Fischküche: absolut frisch, modern interpretiert präsentiert. Der Geschmack der See ist die Spezialität des Plavi Podrum, dazu die feinsten Weine Kroatiens. Falls das Essen nicht so kunstvoll sein muss, kann man in eines der anderen Restaurants am Hafen ausweichen. Volosko, das früher ein ganz gewöhnlicher Hafen war, verwandelte sich mit Opatijas Aufstieg zum wiederbelebten k.u.k.-Seebad in eine Art Feinschmeckermeile. Es ist ja auch wirklich schön, abends auf der Franz-Joseph-Promenade ein halbes Stündchen am Meer entlang in den Nachbarort zu spazieren und nach dem Essen zurück, beschienen von einem orangeroten Mond und dem flackernden Schein nostalgischer Laternen.

AM QUARNERO-BUSEN

Das Küstenland und seine langgestreckten, nacheinander gestaffelten Inseln im Meeresbecken zwischen der Halbinsel Istrien und dem Gebirgszug des Gorski Kotar wird wahlweise „Kvarner", „Quarnero" oder „Quarnero-Busen" genannt. Namenspate des Kvarner ist das lateinische *Quaternarius* („aus je vieren bestehend"). Die alten Römer mögen damit die vier großen Inseln im Kvarner Golf gemeint haben oder die vier Landschaftsbilder, die hier aufeinandertreffen, die Berge im Norden, die Inseln im Süden, Istrien als Halbinsel im Westen und die Felsküste im Osten. Vielleicht bezog sich der Name aber auch einfach auf die vier vorherrschenden Winde: die durch die Berge geschwächte Bora aus dem Nordosten, der Jugo aus dem Südosten, der Maestral aus dem Nordwesten und der Oštro aus dem Süden.

„Kvarner" ist kein geografisch exakt definierter Begriff. Gemeinhin beginnt die Kvarner Bucht beim Hafen Brestova an der istrischen Westküste, in dem die Fähren zur Insel Cres ablegen, und sie er-

In der Altstadt von Lovran.

In der Bucht von Medveja findet man einen der schönsten Kiesstrände an der Kvarner Küste.

Nostalgie und Alltag: im Fischerhafen von Lovran
fühlt man sich an alte Zeiten erinnert.

Mondäner Charme: Wellness Hotel Villa Astra in Lovran.

Die K.u.K. Riviera

Special

Alter Prunk und neuer Glanz

Die Gästebücher der Hotels von Opatija lesen sich wie ein Who is Who des Fin de Siècle. Gustav Mahler, Isadora Duncan, Dr. Jerženkijević (besser bekannt als Vladimir Ilyich Lenin), Vladimir Nabokov sowie viele gekrönte Häupter logierten damals in dem Kurort.
Zwischen den Jahren 1889 und 1911 ließ der Abbazianer Verschönerungsverein einen Uferweg anlegen, der die zwölf Kilometer voneinander entfernten Orte Volosko und Lovran über Abbazia miteinander verband. In der mit Salz angereicherten Luft zu spazieren galt als heilkräftige Maßnahme der Thalassotherapie zur Linderung von Infektionskrankheiten.

Im Jahr 1913 zählte Abbazia zwölf Hotels, 44 Pensionen, 83 Villen und fünf Badeanstalten. Dann brach der Erste Weltkrieg aus – die große Ära war vorbei. Zwar wurde der Kurort auch im sozialistischen Jugoslawien gefördert, aber nun spazierten nicht mehr Adel und Hautevolee, sondern die Genossen Werktätigen von Vo-

Prominente Köpfe im Park der Villa Angiolina.

losko nach Lovran. Da das Geld für den Unterhalt fehlte, verabschiedete sich Abbazias Prunk mit rieselndem Gips und abblätternden Fassaden.

Heute ist Opatija auferstanden wie ein Phönix. Restaurierter Klassizismus und Jugendstil geben den Rahmen für Operettenabende, Kostümfeste sowie nostalgische Schiffs- oder Bahnfahrten. Auf der Franz-Joseph-Promenade setzen sich nun Nordic Walker der guten salzhaltigen Luft aus. Auch das alte Idiom ist wieder da und vielfach zu hören – kein anderer Ort hat so viele österreichische Gäste.

streckt sich nach Südosten bis zur Uskokenstadt Senj. Dazu gehören auch die Inseln Cres, Lošinj, Krk und Rab, ihre kleinen Satelliten und je nach Definition das Eiland Pag. Da die Gebirgsmassive der Učka im Norden und Westen sowie des Gorski Kotar und des Velebit im Osten kalte Luftströmungen fernhalten, profitiert die Kvarner Küste von einem besonders milden Klima – beste Voraussetzungen für eine Karriere als Fluchtpunkt der Wohlhabenden aus Wien und Budapest vor mitteleuropäischer Kälte.

NOSTALGIE IN ABBAZIA (OPATIJA)

Die heilklimatischen Kurorte Lauran (Lovran), Abbazia (Opatija) und Cirknenz (Crikvenica) erlebten im 19. und zu Beginn des 20. Jahrhunderts ihre große Blüte. An diese wichtige Epoche knüpfen sie heute an. Ihr wichtigstes Erbe sind die Bauten und Parks, die sie hinterließ: In Opatija, wo der Nostalgieboom seinen Anfang nahm, wurden fast alle historischen Herbergen und Villen restauriert und beherbergen nun luxuriöse Hotels oder Apartments. Die gesamte Stadt scheint im Walzerrhythmus zu schwingen. In Lovran, dessen Villen sich etwas diskreter in weitläufigen Parks zwischen Edelkastanien und Lorbeer verbergen, ist das k.u.k.-Element nicht so dominant, aber umso vornehmer. Anwesen wie die Villa Frappart oder die Villa Santa Maria stammen vom Wiener Architekten Carl

Auf Rijekas Hauptflaniermeile Korzo erhebt sich das ockerfarbene Stadttor mit dem seit dem Jahr 1873 vom Habsburger Doppeladler und den Büsten Leopolds I. und Karls VI. gezierten Uhrturm (Gradski toranj).

1895 in Rijeka eröffnet: das Kroatische National-theater (Hrvatsko narodno kazalište) „Ivan Zajc".

Vor oder nach dem Theater laden in Rijekas Alt-stadt nette Lokale zu einem Besuch ein.

Der Markt von Rijeka (Velika Tržnica) besteht aus mehreren Jugendstilhallen, in denen Obst und Gemüse sowie Fisch und Fleisch verkauft werden.

Seidl, der für die Haute Volée der Donaumonarchie baute.

STADT AM FLUSS

In Sichtweite Opatijas klettern am gegenüberliegenden Ufer der Bucht Hochhäuser die steilen Flanken des Küstengebirges empor. Rijeka, benannt nach dem hier ins Meer mündenden Fluss Rječina, ist eine moderne Hafen- und Industriemetropole und entfaltete 2020 als europäische Kulturhauptstadt einen spannenden Fächer kultureller Aktivitäten. Eine ganze Armada von Frachtschiffen wartet vor den Terminals auf die Genehmigung zur Einfahrt, während die weißen Fähren der Jadrolinija zu den vorgelagerten Inseln auslaufen oder zurückkehren. Früher legten sie am Molo Longo an. An dem zwei Kilometer langen Hauptkai und Wellenbrecher wurden einst Passagiere, Fahrzeuge sowie Waren be- und entladen, das Tuten der Schiffshörner erfüllte die Luft. Doch in den 1990er-Jahren hatte der alte Kai seine Schuldigkeit getan. Der Hafen wanderte ein Stück nach Osten auf ein wesentlich größeres Gelände. Das Areal im Herzen Rijekas verfiel, bis die Stadtverwaltung den vernachlässigten Uferbereich durch Umbau- und Begrünungsmaßnah-

men aufwertete. Wo früher Container verrosteten, da bummeln heute die Rijeker, kehren in schicken Cafés ein und nutzen gern kostenloses WLAN. Der Molo Longo macht der historischen Promenade, dem Korzo im Zentrum, inzwischen heftig Konkurrenz.

ECHTE UND FALSCHE FISCHE

Rijekas Fischhalle wurde von Carlo Pergoli in den Jahren 1914 bis 1916 im Stil der Wiener Sezession in Hafennähe errichtet – ein wahrer Tempel des Meeresgetiers. Der Rijeker Architekt dekorierte sie mit vier Brunnen und einem Sammelsurium steinerner Krebse, Kraken, Fische, Muscheln. Nun warten Thunfische und Dorsche, Sardinen, Wolfsbarsche, Doraden, Tintenfische und Schwertfische auf Käufer, auch die kostbaren Kvarner Scampi: Einer weit verbreiteten Meinung nach sind diese mit besonders dünnem Panzer und zartem Fleisch ausgestatteten Krebse das Ergebnis einer Kreuzung

mit Artgenossen aus dem südchinesischen Meer, welche die Kvarner Küste als blinde Passagiere britischer Kriegsschiffe erreichten.

Auch die beiden anderen, ebenfalls um die Wende vom 19. zum 20. Jahrhundert errichteten Markthallen von Rijeka

WO FRÜHER CONTAINER VERROSTETEN, BUMMELN HEUTE DIE RIJEKER.

sind wahre Schmuckstücke der hiesigen Jugendstilarchitektur.

DIE BUDAPESTER RIVIERA

Die Fahrt von Rijeka auf der alten Adriamagistrale nach Süden belohnt mit Ausblicken auf die schönsten Seiten der Kvarner Küste, die sich Kurve um Kurve zu immer neuen, bezaubernden Perspektiven öffnet. Allerdings ist das Chauffieren auf der am Meer entlangmäandernden schmalen Straße auch recht mühevoll. An der wie ein Omega geformten Bucht von Bakar wird der Reisende brüsk aus dem mediterranen Idyll gerissen, eine Ölraffinerie und ein Kohlehafen schie-

Auf der Küstenstraße unterwegs nach Senj ergeben sich immer wieder herrliche Ausblicke auf den Velebitski-Kanal zwischen dem Festland und der Insel Krk.

Senj liegt strategisch günstig am Talausgang zwischen den Gebirgsmassiven Kapela im Norden und Velebit im Süden.

ben sich vor die Silhouetten der Inseln Cres und Krk. Dahinter rosten die Überreste einer Kokerei vor sich hin, die bis zum Jahr 1994 Luft und Umwelt verpestete. Man erzählt sich, Tito persönlich habe die schöne Bucht als Industriestandort ausgewählt. Der spätere jugoslawische Präsident war nämlich in den 1920er-Jahren wegen seiner politischen Aktivitäten eine Zeitlang in Bakars Kastell inhaftiert, und dafür wollte er sich rächen.

Mittelpunkt einer Kette von Badeorten im Schatten des Velebit-Gebirges ist das Seebad Crikvenica mit seinem kilometerlangen Feinkiesstrand und einem grandiosen Blick auf die Insel Krk. Früher nannte man den von der Hautevolee der ungarischen Metropole frequentierten Küstenstrich „Budapester Riviera". Wie in Opatija ist das Klima mild, die Vegetation üppig und die Hotellerie von der guten alten Zeit geprägt. Nur die Stadt selbst ist unübersehbar vernachlässigt, denn der kroatische Staat hat nicht das Geld, alle seine Habsburger Altlasten in Zuckerbäcker-Schönheiten zu verwandeln.

DIE PIRATEN VON SENJ

Über der Hafenstadt Senj ganz im Süden der Kvarner Bucht erhebt sich eine quadratische Festung mit vier Ecktürmen – keine Burg, sondern eine Filmkulisse, so der erste Eindruck; so perfekt wirkt das Bollwerk aus grauem Stein vor dem Hintergrund des Velebit. Errichtet wurde es von den Uskoken, christlichen Flüchtlingen aus dem türkisch besetzten Bosnien, die im Jahr 1537 in Senj auftauchten. Wien tolerierte und förderte ihre Ansiedlung an seiner südlichen Militärgrenze, weil es sich eine effektivere Verteidigung seines Territoriums versprach. Die Uskoken erfüllten diese Erwartungen durchaus, verlegten sich daneben aber auch auf den lukrativen Broterwerb der Piraterie und terrorisierten Küstenbewohner wie die in den hiesigen Gewässern kreuzenden Schiffe. Im Jahr 1617 wurde Habsburg schließlich seiner eigenwilligen „Grenzschützer" überdrüssig und vertrieb die Uskoken aus Senj.

Schöner Wohnen: Im luxuriösen Hotel Kvarner Palace in Crikvenica logiert der Gast inmitten eines 30 000 m² großen mediterranen Parks und doch nur 150 Meter vom Strand entfernt.

Senj mit der Festung Nehaj vor dem von der UNESCO zum Biosphärenreservat erklärten Velebit-Massiv: Stadt und Burg sind Schauplätze in Kurt Helds Jugendroman „Die rote Zora".

Hier schmeckts am besten

GLÜCKSMOMENTE FÜR GOURMETS

Statt der Grillzange ist heute das japanische Sashimi-Messer das bevorzugte Werkzeug der istrischen Küchenchefs. Die Zahl der mit Gourmetpreisen dekorierten Restaurants stieg seit Kroatiens und Sloweniens Unabhängigkeit sprunghaft an. Als Gourmet hat man da die Qual der Wahl (und weiß sich rechtzeitig einen Platz zu reservieren).

❶ Lamm auf Heu

Nur nicht abschrecken lassen! Moreno Medos, der Besitzer und begnadete Koch des Gasthauses im slowenischen Nova vas oberhalb von Izola, ist das, was man in Bayern einen Grantler nennt. Umso herzlicher empfangen Ehefrau Oriella und Tochter Meta die Gäste. Das täglich wechselnde Menü orientiert sich an dem, was befreundete Bauern und Fischer gerade ernten oder fangen. Unbedingt probieren: Lammkeule aus der Peka – Moreno bettet es auf Heu!

€€ **Gostilna na burji**, Nova vas nad Dragonjo 57, Sečovlje, Mobil-Tel. 041/ 28 40 30, www.naburji.si, Di.–Fr. ab 16.00, Sa./So. 12.00–22.00 Uhr

❷ Konoba für Feinschmecker

Kaum steht der Gruß aus der Küche auf dem Tisch – in unserem Fall ein in Olivenöl und Zitronensaft marinierter roher Kvarner Scampo mit Wildspargel – wird deutlich, mit welchem Talent sich Fabiana Mijanović in die Riege der besten Maîtres Istriens gekocht hat. Dabei legt sie gar keinen Wert auf komplizierte Kreationen oder das Modernisieren traditioneller Gerichte – Frische und Qualität der Zutaten sind Fabianas oberstes Gebot.

€€€ **Konoba Buščina**, Buščina 18, Sveta Marija na Krasu, Umag, Tel. 052/ 73 20 88, www.konoba-buscina.com, Mi.-Mo. 13.00–22.00 Uhr

❸ Fisch weißblau

Fisch und Meeresfrüchte, die David Skoko serviert, hat sein Vater Danilo in der Nacht zuvor gefangen. Edelfisch verarbeitet David gern roh zu Sashimi Istriana und würzt ihn mit feinstem Olivenöl. Dass in dem unscheinbaren Restaurant südlich von Pula neben weißem (Edel-)Fisch auch (meist als minderwertig angesehener) „blauer" Fisch (Sardellen, Anchovis, Aal) auf den Tisch kommt, war für Gourmets eine kleine Sensation. Eine Karte gibt es nicht; am besten verlassen Sie sich auf die Empfehlung des Chefs.

€€€ **Konoba Batelina**, Cimulje 25, Banjole, Tel. 052 57 37 67, Mo.–Sa. ab 17.00 Uhr

❹ Spitzengastronomie im Schatten der Eufemija

Vielleicht hält ja wirklich die heilige Eufemija, unterhalb deren Kirche das Restaurant Monte einen aussichtsreichen Platz in Rovinj besetzt, die Hand über die Küche dieses von allen Feinschmecker-Fachorganen gleichermaßen gefeierten Lokals. Drei Hauben vom Gault Millau – das schaffen in Kroatien nicht viele! Danijel Bekić (Abb.) und seine holländische Ehefrau Tjitske halten diese Qualität schon viele Jahre. Auf der Karte lesen sich die Gourmet-Erlebnisse, die Bekić bereithält, etwa folgendermaßen: Semicrudo von Scampi, Jakobsmuschel und grünem Apfel oder aber Melange von istrischen Tomaten, Couscous und Frischkäse. Einfallsreich-kreativ ist auch die Präsentation: Fischmesser und -gabel stehen je nach Laune des Servicepersonals in einen Schwamm gesteckt auf dem Tisch, die istrischen Sashimi präsentiert Dekić auf glattpolierten Steinen.

€€€€ **Monte**, Montalbano 75, Rovinj., Tel. 052/ 83 02 03, http://monte.hr, tgl. ab 18.00 Uhr

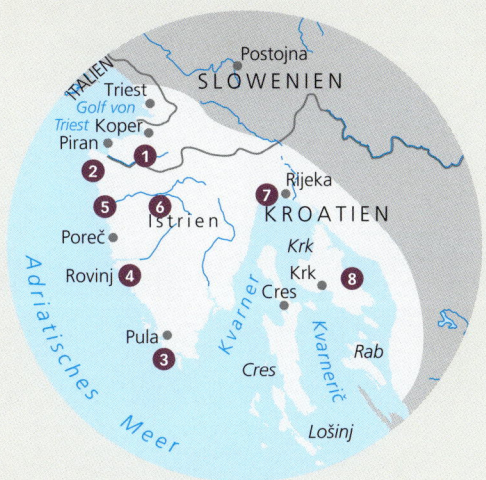

⑤ Die Avantgardisten

Erlebnisgastronomie im fast familiären Rahmen. Nur wenige Gäste finden Platz im winzigen Restaurant mit sechs Tischen in Novigrads Altstadt. Ohne Reservierung hat man hier wirklich keine Chance – schon weil die frische Ware direkt vom Fischer genau für die zu erwartenden Gäste eingekauft wird. Damir Beletić und seine Frau Ornella experimentierten schon mit rohem Adriafisch, als in Istrien noch niemand den Begriff „Sashimi" kannte. Ihr Motto: „Vom Meer auf den Tisch". Meeresfrüchte und Fisch stammen vom Tagesfang befreundeter Fischer. Sie werden am Tisch filetiert sowie mit exzellentem Olivenöl, feinem Salz und etwas Zitrone mariniert. Das Fünf-Gänge-Menü – drei „Sashimi"-Vorspeisen, eine Fisch-Pasta und ein Dessert – breitet das ganze Können des Kochs vor dem Gast aus. Wobei die Pasta aus den Resten der Sashimi-Zubereitung komponiert wird – auch das ist ein Markenzeichen des Restaurants. Inzwischen hat übrigens Tochter Meta übernommen, Mitglied der europäischen Spitzenköchevereinigung Jeunes Restaurateurs d'Europe und ebenfalls eine Meisterin ihres Fachs.

€€€ **Damir i Ornella**, Zidine 5, Novigrad, Tel. 052/75 81 34, https://damir-ornela.com, Di.–So. 18.00–23.00 Uhr

⑥ Alles Trüffel, oder was?

An Giancarlo Zigante führt in Istrien kein Weg vorbei – zumindest, wenn man sich für Trüffel interessiert. Er betreibt nicht nur ein mehrere Manufakturen und Feinkostgeschäfte umspannendes Unternehmen für Trüffel und daraus hergestellte Produkte, sondern auch eines der besten Restaurants der gesamten Halbinsel. Dieses residiert nicht in einem der schicken Badeorte, sondern im eher langweiligen Livade ganz nahe am Motovuner Wald, wo die aromatischen Knollen wachsen. Feinschmecker lassen sich hier gern mit Trüffel veredeltes Boškarin-Carpaccio oder Tagliatelle servieren. Auch das Beste aus der Adria wie Kvarner Scampi mit Wildspargel oder Tintenfisch mit Seefenchel bekommt dank der frischen Trüffeln einen ganz besonderen Geschmack. Selbst Crème brulée verträgt sich hier mit schwarzen Trüffeln!

€€€ **Restaurant Zigante**, Livade 7, Livade, Tel. 052/66 43 02, www.restaurant zigante.com, tgl. 12.00 bis 22.00 Uhr

⑦ Frische Meeresbrise

Das Restaurant Bevanda bzw. sein Chefkoch Andrej Barbieri spielt schon lange in der Oberliga istrischer Gourmetköche. Auch der Rahmen stimmt: Durch die großen verschiebbaren Glasfenster weht eine sanfte Meeresbrise, der Blick fällt von der kleinen Landzunge östlich von Opatijas Zentrum auf das nächtliche Rijeka gegenüber. Auf den Tisch kommt Fritura von Fisch, Krabben und Muscheln – oder Kalbsbäckchen mit Käsepolenta. Lassen Sie in jedem Fall Platz für das Dessert: Das dunkle Schokoladensoufflé mit Haselnüssen ist zum Dahinschmelzen!

€€€ **Bevanda**, Zert 8, Opatija, Tel. 051/49 38 88, www.bevanda.hr, tgl. ab 12.00 Uhr

⑧ Spritziger Wein und Festlands-panorama

Das Restaurant Nada setzt auf traditionell-bodenständige, raffiniert zubereitete Küche – und auf Wein, denn Nada ist auch oder vor allem eine Kellerei, die den berühmten Weißwein von Krk, Vrbniška Žlahtina, keltert. Der spritzige Edeltropfen begleitet die Speisen nicht nur, sondern würzt sie auch; etwa den feinen Seeteufel in Žlahtina-Sauce. Wer vorbestellt, kann sich auch auf feines Lamm aus der Peka freuen. Vor allem aber sollte man die *šurlice* probieren, eine Nudelspezialität der Insel, die gern mit Wildgulasch serviert wird.

€€€ **Nada**, Glavaca 22, Vrbnik/Insel Krk, Tel. 051 85 70 65, www.nada-vrbnik.hr, tgl. mittags u. abends

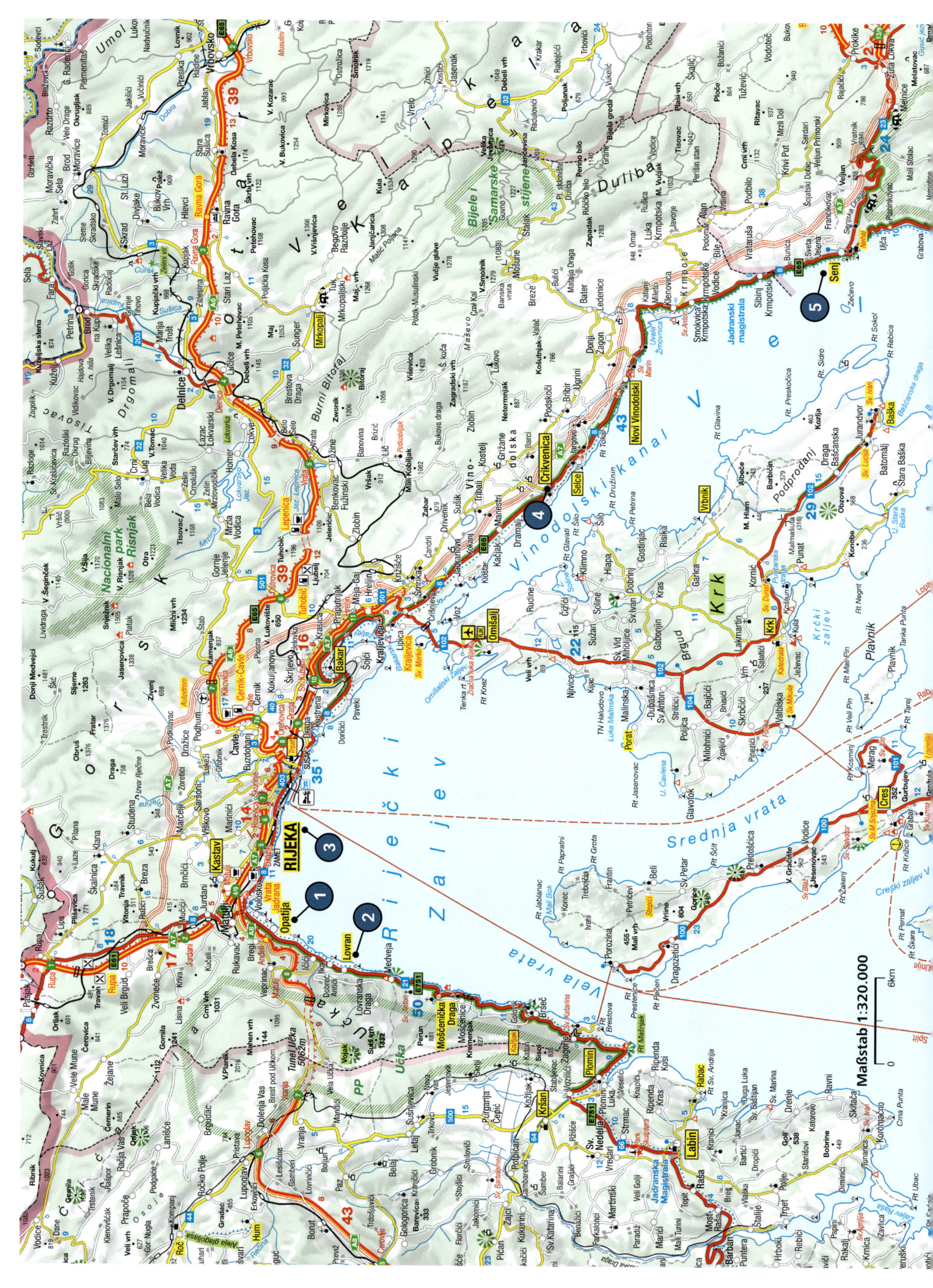

WO SICH DER HABSBURGISCHE ADEL MIT DEM PREUSSISCHEN TRAF

Die kurze Epoche zwischen Mitte des 19. und Anfang des 20. Jahrhunderts prägte die Kvarner Bucht architektonisch nachhaltig; das Habsburger Erbe sorgt bis heute für die besondere Atmosphäre zwischen Lovran im Südwesten und Senj im Südosten. Mittelpunkt der k.u.k.-Riviera ist das strahlende Opatija.

❶ Opatija

Mit dem Bau der Villa Angiolina begann 1844 **Opatijas TOPZIEL** (11 500 Ew.) Karriere als Winterfrische der Habsburger Gesellschaft. Das milde Klima begünstigt die mediterrane Blütenpracht von Stadt und Küste.

SEHENSWERT/MUSEUM

Park und **Villa Angiolina** sind das Herzstück des historischen Opatija. Das Schlösschen des Reeders Iginio Scarpa aus Rijeka ist von einem exotischen Park umgeben, dessen Pflanzen seine Kapitäne aus allen Teilen der Erde mitbrachten. In der Villa widmet sich ein Tourismusmuseum dem Fremdenverkehr (www.hrmt.hr, Di.–So. Juli/Aug. 10.00–13.00, 17.00–21.00, April–Juni, Sept./Okt., Dez. 10.00–18.00, Nov., Jan.–März 10.00–17.00 Uhr). Daneben erhebt sich das historische **Hotel Kvarner**. Südlich schließt eine Parkanlage mit der gotischen **Kirche Sv. Jakov** an. Die Küste säumt die **Franz-Joseph-Promenade**, ein rund 12 km langer Spazierweg vom Nachbarort Volosko bis Lovran, an dem Buchten und Strandbäder zum Sprung ins Wasser locken.

Stylisch: Im Café Continental in Opatija werden neben süßen Köstlichkeiten der verführerischsten Art 50 verschiedene Arten der Kaffeezubereitung angeboten.

RESTAURANTS/HOTELS

Im sympathischen Familienbetrieb € **Ružmarin** sind Sie der mondänen Welt Opatijas etwas entrückt (Veprinački put 2, Tel. 051/71 26 73, www.restaurant-ruzmarin.com), während das schicke €€€€ **Bevanda** der Ort ist, an dem man gesehen werden muss (Zert 8, Tel. 051/49 38 88, www.bevanda.hr; auch Designzimmer). Weniger exzentrisch, aber von Gourmetpäpsten in den Himmel gelobt wird das €€€ **Kukuriku** (Trg Lokvina 3, Kastav, Tel. 051/69 15 19, www.kukuriku.hr). Traditionelle istrische Küche in romantischer Umgebung finden Sie in der €€ **Konoba Tramerka** in Volosko ein (Andrije Mohorovičića 15, Tel. 051/70 17 07, www.konoba-tramerka.com).

Kern des im alt-österreichischen Stil gehaltenen Hotels €€€ **Miramar** ist die historische Villa Neptun. Großzügige Zimmer, ein angenehmes Wellnesscenter, ein Strandbad und fantastische Küche verwöhnen rundherum (Ive Kaline 11, Tel. 051/28 00 00, www.hotel-miramar.info). Historisch ist auch die €€ **Villa Ariston**; wählen Sie ein Zimmer mit Meerblick (Maršala Tita 179, Tel. 051/27 13 79, www.villa-ariston.hr). Im nahen Ičići besetzt das €€ **Hotel Schubert** eine hübsche Kiesbucht (Primorska 16, Tel. 052/29 17 77, https://villa-schubert.com).

UMGEBUNG

Volosko ist von Opatija zu Fuß auf der Uferpromenade in etwa 30 Minuten erreicht. Der Weg führt vorbei an historischen Villen zum Hafenbecken, das von Restaurants und Cafés gesäumt wird. Kaiserin Sisi soll in einem der Häuser am Hafen leidenschaftliche Stunden mit einem ungarischen Adeligen verbracht haben – so erzählt man sich hier. Etwa 7 km nach Nordosten sind es in den Bergort **Kastav**, von dem aus man aus 360 m Höhe die Bucht überblickt. Eine vollständig erhaltene Mauer schützt die Altstadt. Wunderbar erhalten sind auch die Renaissanceloggia und die Bauten um den Hauptplatz trg Lokvina. Zahlreiche Wanderwege erschließen den **Naturpark** im Bergmassiv der **Učka**. Eine besondere Erosionsform des Karstes ist im **Tal Vela Draga** am Westhang der Učka zu besichtigen: Die bis zu 100 m hohen Kalksäulen sind heute ein beliebtes Klettergebiet.

INFORMATION

TZ, M.Tita 128, Tel. 051/27 13 10, http://visitopatija.com

❷ Lovran

Zwei Pflanzen sind eng mit **Lovran TOPZIEL** verbunden: Der üppig sprießende Lorbeer, dem die Stadt (4000 Ew.) ihren Namen verdankt, und Edelkastanien, deren Ernte im Herbst mit einem kulinarischen Fest gefeiert wird.

SEHENSWERT

Die **Altstadt** ist zum Teil noch von Mauern umgeben; ein überwölbter Durchgang führt gegenüber dem **Hafen** zum **Hauptplatz** mit der gotischen **Kirche Sv. Juraj** (im Inneren Fresken aus dem 15. Jh.) und den beiden mit

Oben links: Rund um Burg und Wallfahrtskirche gruppiert sich in Rijekas Stadtteil Trsat eine lebhafte Kneipenszene. Oben rechts: Ein Palast für den Gast – der Kvarner Palace in Crikvenica. Links: Von Wind und Wetter geformt wurden die bis zu 100 m hohen Karstformationen am Westhang der Učka.

IM KVARNER PALACE LOGIEREN SIE WIE EINST DIE UNGARISCHE HIGH SOCIETY.

Tympanon-Reliefs geschmückten **Häusern** – eines zeigt den hl. Georg mit dem Drachen, das zweite den *mustaćon*, ein dunkelhäutiges Gesicht mit Riesenschnurrbart und Turban. Vorbei am imposanten **Stadtturm** gelangt man in den Ende des 19. Jh.s entwickelten Teil Lovrans, in dem Hotels und Villen des Historismus miteinander wetteifern. Die schönsten Beispiele finden sich an der Uferpromenade: Die grandiose **Villa Frappart**, die **Villa Santa Maria** und die **Villa Magnolia** zeugen in üppigen Gärten vom vergangenem Prunk. Die **Villa Astra** dient heute als Hotel.

RESTAURANTS/HOTEL
Im €€ **Lovranska Vrata** haben Sie zu feinem Essen die malerische Kulisse des Stadtplatzes vor Augen (Stari Grad 94, Tel. 051/29 10 50). Mit Blick auf den Hafen gibt's in der € **Konoba Bellavista** deftige Snacks zu feinen Tropfen aus der Region (Stari Grad 22, Tel. 051/29 21 23). In Mošćenice serviert die Konoba €€ **Tu Tamo** zum konkurrenzlosen Meerespanorama delikate istrische Küche (Mošćenice 50, Tel. 051/73 72 33, www.konoba-tutamo.hr). Das Hotel €€€€ **Villa Astra** ist ein Gesamtkunstwerk – Architektur, Einrichtung, Service harmonieren perfekt, die Küche zählt zu den besten der Region (Viktora Cara Emina 11, Tel. 051/29 44 00, www.hotelvillaastra.com).

UMGEBUNG
Vom Badeort **Mošćenička Draga** 10 km südl. sind es 753 Stufen oder ein paar Minuten Autofahrt ins Bergnest **Mošćenice**. Am Stadttor wartet der Habsburger Doppeladler auf Besucher.

INFORMATION
TZ, Trg slobode 1, Tel. 051/29 17 40, www.tz-lovran.hr

③ Rijeka

Mit rund 130 000 Ew. zählt **Rijeka** zu den größten Städten an der kroatischen Küste. Moderne Viertel wuchern weit ins hügelige Hinterland; der Hafen prägt die Küstenlinie. Das historische Zentrum zwischen Riva und Ulica Žrtava fašizma zeigt Spuren der k.u.k.-Monarchie, so säumen die Hauptpromenade Korzo zahlreiche Gebäude aus der habsburgischen Ära.

SEHENSWERT
Parallel zur **Uferpromenade** mit ihren vielen klassizistischen Palästen verläuft die beliebte Bummelmeile **Korzo**. Durch den **Uhrturm Gradski toranj** (15./18. Jh.) gelangt man in den mittelalterlichen Stadtkern, dessen Bausubstanz aber kaum erhalten ist. Einzig das **römische Tor** verdient Beachtung. Nach Osten gehend erreicht man die **Kirche Mariä Himmelfahrt**, deren im 14. Jh. erbauter, sich bedenklich schief neigender **Turm** Rijekas Wahrzeichen ist. Wenige Schritte weiter kreuzt der **Mrtvi kanal**, ein Arm des Flusses Rječina, der im 19. Jh. umgeleitet wurde. Die Rijeker spazieren gerne am Wasser entlang bis zum **Theater Ivan Zajc**, einem Prachtbau des Historismus. Die Verdistraße, **Verdijeva**, nach Westen reihen sich drei **Jugendstil-Markthallen** nacheinander; der Markt bietet vor allem vormittags ein lebhaftes Bild. Die Anhöhe mit der **Festung Trsat** war bereits von Illyrern besiedelt. Im 14. Jh. wurden neben der Burg ein Kloster und die **Wallfahrtskirche Sv. Marija Lauretanska** erbaut. Die Ruine der Befestigungsanlage ging im 19. Jh. in den Besitz eines österreichischen Feldmarschalls über, der sie zu seinem Mausoleum umwidmete. Heute befindet sich hier Rijekas Kneipenviertel. Da die Szene ständig in Bewegung ist, lohnt es sich, durch die romantisch beleuchteten Gassen zu bummeln und nach interessanten Adressen Ausschau zu halten.

RESTAURANTS/HOTELS
Gäste des €€ **Boonker** (Istarsko pristanište 1, Tel. 051/40 17 38, https://boonker.hr) können, müssen aber nicht im Bunker dinieren. Draußen sitzt man hübsch am Hafenkai bei Fisch, Pizza, Vegetarischem oder einem Aperol. Hoch hinaus geht's zur €€ **Stancija Kovačići** (Rukavac 51, Matulj, Tel. 051/27 21 06, www.stancija-kovacici.hr) mit feinen Fischgerichten. Im €€€€ **Grand Hotel Bonavia** residieren Sie mit allem modernen Komfort im Herzen der Stadt (Dolac 4, Tel. 051/35 71 00, www.jadran-hoteli.hr). Rijekas originellste Unterkunft ist das € **Botel Marina** in einem stillgelegten Schiff an der Riva. Das Restaurant auf dem dritten Deck bietet Mittelmeerküche und traditionelle kroatische Gerichte, auf dem vierten Deck gibt es eine Bar (Adamićev gat, Tel. 051/41 01 62, www.botel-marina.com).

SHOPPING
Rijekas morčić, ein schwarzer Turbanträger, ziert Ohrringe, Halsketten und Ringe – zu kaufen in Juweliergeschäften am **Korzo**.

UMGEBUNG
Mit Wanderwegen im Sommer und einem kleinen Skigebiet im Winter ist der 63,6 km² große **Nationalpark Risnjak** (42 km nordöstl.) ein beliebtes Ausflugsziel der Rijeker. In der waldreichen Gebirgslandschaft leben Bären, Wölfe, Luchse. Eine schöne Wanderung führt von **Hrvatsko** (bei Crni Lug, 60 km östlich von Rijeka) in eineinhalb Stunden bis zum Dorf **Kupari** und von dort dem Lauf des Flusses Kupa folgend 30 Min. bis zur **Kupa-Quelle** (Na-

Tipp

Kvarner alpin

Eine knappe Stunde Autofahrt von Rijeka landeinwärts zeigt sich die Kvarner Region im tiefgrünen Kleid dichter Wälder: Der gebirgige **Risnjak-Nationalpark** rund um den 1506 m hohen Snježnik ist ein Wanderparadies und bietet seltenen Tieren wie Braunbären oder Wölfen ein unberührtes Habitat. Gut markierte, einfache aber auch anspruchsvolle Touren führen durch die Wildnis, z. B. zur malerischen Quelle der Kupa.

INFORMATION
Ein guter Ausgangspunkt für Wanderungen ist die Nationalparkverwaltung in Crni Lug (Bjela Vodica 48, Tel. 051/83 61 33, http://np-risnjak.hr, Nationalparkgebühr 7-10 €). Hier gibt es Wanderkarten sowie einfache Übernachtungsmöglichkeiten.

tionalparkverwaltung, Bijela Vodica 48, Crni Lug, Tel. 051/83 61 33, http://np-risnjak.hr).

INFORMATION
TZ, Korzo 14, Tel. 051/33 58 82, https://visitrijeka.hr

4 Crikvenica

Ein 2 km langer Feinkiesstrand und der Blick auf die Insel Krk machen **Crikvenica** (11 000 Ew.) zum beliebten Ferienort.

SEHENSWERT
Ausgehend von einem Kloster und gefördert durch die Frankopanen hatte die Siedlung ansehnliche Größe, als sie Ende des 19. Jh.s Kurort wurde. Unübersehbare Landmarken dieser Ära sind das einstige **Hotel Therapia** (heute **Kvarner Palace**) und das **Hotel Kaštel** im früheren Paulinerkloster. Zur **Riviera** gehören außerdem die Orte **Dramalj** und **Selce**.

HOTEL/RESTAURANT
Im €€€ **Kvarner Palace**, einem Prachtbau aus der österreichischen Kaiserzeit, logieren Sie wie einst die ungarische High Society in mit Stilmöbeln ausgestatteten Zimmern und genießen feine austro-ungarische Küche. Ein Highlight ist der Park mit altem Baumbestand (Dr. Sobol 1, Tel. 051/38 00 00, www.kvarnerpalace. info).

UMGEBUNG
In **Novi Vinodolski**, 11 km südöstl., wurde 1288 das Vinodoler Statut erlassen, das älteste in kroatischer Sprache verfasste Rechtsdokument. Die Frankopanenfürsten, die diese Urkunde ausstellen ließen, errichteten im 13. Jh. auch eine Festung, von der heute nur noch der Turm kvardac steht. Novi, wie die Stadt kurz genannt wird, ist ein beliebtes Badeziel.

INFORMATION
TZ Crikvenica, Trg Stjepana Radića 1c, Tel. 051/24 10 51, www.rivieracrikvenica.com

5 Senj

Auch die südlichste Stadt (7000 Ew.) der Kvarner Bucht gehörte lange zum Herrschaftsbereich der Frankopanen. Ihre markante Sehenswürdigkeit, die Festung Nehaj, verdankt sie den 1527 zugewanderten Uskoken, die das Bollwerk über der Stadt errichteten und von Senj aus auf Piratenzüge in der Adria gingen.

SEHENSWERT/MUSEUM
Die im 16. Jh. erbaute **Festung Nehaj** birgt ein **Museum** zur Geschichte der Uskoken, ihrem Brauchtum, ihren Trachten und Kriegstechniken 15. April–31. Mai, 1. Sept.–15. Okt. 10.00–18.00, Juni 10.00–19.00, Juli/Aug. 9.00–21.00. Uhr).

INFORMATION
TZ, Stara cesta 2, Tel. 053/88 10 68, www.visitsenj.com

IM KAJAK ENTLANG DER K.U.K.-RIVIERA

Um die Wende vom 19. zum 20. Jh. reiste viel Prominenz aus dem großen Habsburgerreich an die Riviera von Abbazia, das man heute unter dem kroatischen Namen Opatija kennt. Rund 20 Jahre dauerte es, bis ein zum Promenieren geeigneter Uferweg zwischen Lovran und Volosko 1911 in den Fels geschlagen und romantisch beleuchtet war. Darauf stolzierten dann Damen in Tournüren und Herren in ordenbehängten, bunten Uniformen auf und ab und atmeten dabei möglichst tief die heilkräftige Luft.

Der gesunden Seeluft sind Sie allerdings im Kajak viel näher, auch der Blick auf die Villen entlang der „Franz-Joseph-Promenade" ist deutlich besser aus dieser Perspektive. Also ab ins Boot, die Paddel eingetaucht, und schon rauschen Sie vorbei an der Peripherie von Opatija nach Westen, umrunden tiefgrüne Landzungen, passieren Yachthäfen und Badebuchten und bewundern dazwischen die fantastischen Villen der damaligen Hautevolee.

Wenn Sie sich nicht zum Anhalten und Baden verleiten lassen – die Bucht von Ičići beispielsweise ist sehr reizvoll –, erreichen Sie entspannt paddelnd nach eineinhalb Stunden Lovran, wo fraglos der k.u.k.-Haus- und Hofarchitekt Carl Seidl mit der Villa Frappart den Schönheitswettbewerb der nostalgischsten Anwesen gewinnt. Hier haben Sie eine Pause im Strandbad verdient, bevor es auf gleichem Wasserweg zurückgeht nach Opatija.

Start/Ziel: Opatija
Kajakverleih: Kayak Center Opatija, Stubište Dražica 4, Tel. 098 937 22 47, www.kayak-center-opatija.com
Länge einfach: 6 km, Dauer ca. 1,5 Sd.
Preis: 2-Personen-Kajak 30 €/Std.

Kvarner Inseln

*

FÜNF EIGEN-WILLIGE SCHWESTERN

*

Das intensive Aroma in der Sonne badender Kräuter weht von den Inseln im Kvarner Golf hinüber aufs Deck der sich nähernden Fähre: Cres, Lošinj, Krk und Rab vereint üppige Vegetation. Nur die Salineninsel Pag tanzt aus der Reihe: Hier erscheint einem die Fahrt wie eine Reise auf dem Mond.

Diese herrliche Strandbucht bei Stara Baška ganz im Süden der Insel Krk ist nur zu Fuß oder mit dem Boot erreichbar.

Das Schweigen der Lämmer (im Norden der Insel Cres): Selbst die Natur scheint
hier vor ihrem eigenen Schauspiel in stummer Ehrfurcht zu verharren.

Von herber, karger Schönheit ist der Nordosten der Insel Cres.

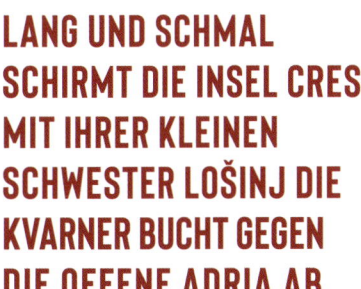

Im Hafen von Cres, der Hauptstadt der gleichnamigen Insel, bilden in Pastellfarben gestrichene venezianische Häuser eine stimmungsvolle Kulisse.

LANG UND SCHMAL SCHIRMT DIE INSEL CRES MIT IHRER KLEINEN SCHWESTER LOŠINJ DIE KVARNER BUCHT GEGEN DIE OFFENE ADRIA AB.

Cres ist die nördlichste und noch am wenigsten berührte Insel der Kvarner Eilande. Sie hat am heftigsten mit Landflucht zu kämpfen, denn der Tourismus, der die anderen Eilande stützt, spielt hier noch immer eine geringe Rolle. In der von struppiger Macchia und weißem, scharfkantigen Kalkstein geprägten Landschaft gelingt den Bauern wenig anderes als die Schafzucht. Die Steine werden aufgelesen und zu Trockenmauern geschichtet. Wie ein weißes Spinnennetz überziehen diese die Insel. Ganze drei Hotels und fünf Campingplätze gibt es auf dem 66 Kilometer langen und nur bis zu zwölf Kilometer breiten Eiland; ein ideales Ferienziel für Individualisten.

GEISTERDÖRFER
Nur noch einige Alte leben in den abgelegenen Bergdörfern. Wer will schon heute noch im Rhythmus der Jahreszeiten und der Weidewechsel leben, von frühmorgens bis spätabends mit den Tieren beschäftigt sein, wenn eine Bucht weiter ein Job als Kellner oder Bootsmann wartet?

Beli im Nordosten der Insel ist eine dieser fast verlassenen Siedlungen. Wie ein Adlernest thont es auf einem Bergsporn 113 Meter über dem Meer. Derzeit leben noch etwa 40 Menschen ständig in der Altstadt, im Sommer verstärkt durch Feriengäste, die dann in hübsch renovierte alte Häuser ziehen, um die Tage am Kiesstrand zwischen den alten Bootshütten zu verbringen und dem Kreisen der Gänsegeier zusehen, die über der Tramuntana nach Beute spähen.

LOŠINJER AROMEN
Nur ein schmaler Isthmus trennt Cres von der südlichen Schwester Lošinj. Die Römer ließen ihn zum Kanal verbreitern, um sich die lange Umfahrung der Südinsel zu ersparen. Damals herrschte reger Schiffsverkehr in den Gewässern. Da bei den häufigen Stürmen so manche Ladung über Bord ging, finden Taucher immer wieder Amphoren, Münzen oder andere Fracht. Was dem Belgier René Wouters aber im Jahr 1996 bei seinem Tauchgang vor dem Inselchen Vele Orjule in 45 Metern Tiefe entgegenleuch-

Die Hafenpromenade von Veli Lošinj, der ersten Siedlung auf der Insel Lošinj, säumen schmucke Kapitänshäuser und die direkt am Meer errichtete Pfarrkirche Sv. Antun.

Ganz entspannt im Hier und Jetzt verweilen kann man in Mali Lošinj, dem größeren Nachbarort von Veli Lošinj, auf der modern gestylten Terrasse der Strandbar Borik beim Hotel Vespera.

tete, war eine Sensation: die 1,92 Meter
große, mehr als 2000 Jahre alte Bronzestatue eines perfekt geformten nackten
Jünglings. Erst drei Jahre später wurde
dieser kroatische Apoxyomenos gebor-
gen. Nach Jahren der Wanderung durch
die Museen der Welt zeigt er nun seine
ganze Schönheit im eigens erbauten Museum in Mali Lošinj.

Wer auf Lošinj Urlaub macht, kommt
meist nicht wegen der Kultur hierher,
sondern ist gerne aktiv, geht Windsurfen,
fährt Fahrrad oder paddelt im Kajak an
den Gründerzeitvillen vorbei, die Lošinjs
Küste schmücken. Als Luftkurort gehörte
die Insel zu den bevorzugten Reisezielen
in der k.u.k.-Ära. Auch moderne Feriengäste schwärmen von der heilsamen Wir-
kung der mit Salz und den aromatischen
Ölen der hiesigen Pinienwälder angereicherten Luft.

KRKS FRANKOPANEN

Cres' östliche Nachbarin ist Krk (sprich:
Kerk), ein Eiland mit kahl geschliffener
Ostküste und üppig-grünem Inselinneren.
In der gleichnamigen Inselhauptstadt promenieren Touristen durch die Gassen. Die
Straßencafés an der Vela placa sowie entlang der Stadtmauer am Hafen sind zu
jeder Tageszeit gut besetzt. Im Hafenbecken wetteifern Ausflugsboote, Jachten und Fischkutter um Liegeplätze.

Krk gehört zu den ältesten Siedlungen
in der Kvarner Bucht. Dass schon die alten
Römer ihre malerische Lage schätzten,
belegen archäologische Funde, wie sie im
Untergeschoss der beliebten Cocktail-Bar
Volsonis gezeigt werden. Ihre Blütezeit
erlebte Krk unter der Herrschaft der
Frankopanen: Dieses lokale Fürstenge-
schlecht regierte zwar von Venedigs Gna-
den, aber nahezu autonom über die Insel
und Teile des Festlands. Seine zwischen
dem 12. und dem 15. Jahrhundert errichteten Festungsmauern und Gotteshäuser
prägen Krks Stadtbild bis heute. In die
Ära der Frankopanen fiel auch die Blüte
der Glagolica, der altkroatischen Kirchenschrift (siehe das Special auf der nächs-
ten Doppelseite), die in Klöstern gehütet

Landgang: In der Marina von Mali Lošinj ist gerade das Kreuzfahrtschiff
Kruna Mora vor Anker gegangen, ein knapp 46 Meter langer Motorsegler.

Landfahrt: Ein schöner Rad- und Fußweg führt auf der Insel Lošinj an der
von einem üppigen Pinienwald bestandenen Cikat-Bucht entlang.

Die Uferpromenade von Baška, dem südlichsten Ort der Insel Krk, teilen sich viele
Hotels, Restaurants und Souvenirgeschäfte mit fröhlichen Flaneuren.

Mönch Clement im Kreuzgang des ursprünglich
im 12. Jahrhundert gegründeten Klosters auf der
kleinen Insel Košljun.

Zu einem Sakralmuseum umgestaltet wurde die Kapelle Sveti
Bernardin im Kloster auf der Insel Košljun.

Feiern wie die alten Römer: In der Cocktail-Bar Volsonis in Krk-Stadt genießt man das Nightlife im stimmungsvollen Ambiente einer archäologischen Ausgrabungsstätte.

Special

Die Tafel von Baška

Im Namen der Schrift

In einer unscheinbaren Kirche im Süden von Krk fiel dem Pfarrer Petar Dorčić in der Mitte des 19. Jahrhunderts eine seltsame Bodenplatte auf. Sie entpuppte sich als eine in Glagolica geschriebene Urkunde und gilt heute als das älteste Zeugnis der altkroatischen Kirchenschrift.

„Ich, Abt Držiha, schrieb dies über dieses Stück Land, welches Zvonimir, König Kroatiens, in seinen Tagen, der heiligen Lucija schenkte": Mit diesen Worten beginnt der in Stein gemeißelte Text. Es handelt sich um eine Übertragungsurkunde für ein Stück Land beim heutigen Dorf Jurandvor unweit von Baška auf der Insel Krk, die 1100 das Geschenk des Königs an die Benediktiner besiegelte, welche daraufhin die einschiffige Kirche Sv. Lucija errichteten. Die „Tafel von Baška" fand dabei als Altarschranke Verwendung. Einige Jahrhunderte und Umbauten später bedeckte sie als Bodenplatte das Grab eines Unbekannten.

Sv Lucija, Replik der „Tafel von Baška".

Bis Pfarrer Dorčić eine Abschrift der seltsamen Lettern nach Zagreb schickte, wo die Inschrift im Jahr 1875 entziffert werden konnte.

Um die vom Slawenapostel Kyrill entwickelte Schrift gab es heftige innerkirchliche Kontroversen. Das Original der Tafel von Baška wird heute in Zagreb aufbewahrt; die kleine Kirche Sv. Lucija schmückt eine Kopie.
Kirche Sv. Lucija und Museum, Jurandvor, April–Juni, Sept./Okt. tgl. 10.00–15.00, Juli/Aug. 9.00–19.00 Uhr

wurde. Die katholische Kirche beobachtete deren Verwendung mit Misstrauen, denn die Übertragung kirchlicher Texte ins Kroatische und deren Fixierung in der Glagolica widersprach dem Primat des Lateinischen. Auch dass der kroatische Klerus die Messen in seiner eigenen Sprache feierte, war den Päpsten ein Dorn im Auge. Die Glagolica avancierte zu einem Symbol des kroatischen Selbstbewusstseins. Im Jahr 1818 sah sich die Habsburger Monarchie deshalb gezwungen, die offizielle Verwendung der glagolitischen Schrift zu verbieten. Eine bibliophile Kostbarkeit unter den mehr als 15 000 Bänden der Bibliothek des Franziskanerkonvents auf der Insel Košljun in der Bucht von Punat ist das im Jahr 1404 verfasste, reich illuminierte Glagolica-Gebetbuch Hrvojev misal.

Punat gehört zu den beliebtesten Ferienorten dieser Insel. Nicht nur Nautiker schätzen die ruhigen Gewässer, auch Familien mit Kindern kommen die flach abfallenden Strände entgegen.

BAŠKAS GEHEIMNISSE

Baška, ganz im Süden der Insel, bietet an seinen Feinsand- und Kiesstränden Heerscharen von Urlaubern Platz für Beachvolleyball, Parasailing und Burgenbauen. Doch bei der ersten Begegnung erschlägt einen die Kargheit der Landschaft bei-

Leben und leben lassen in Rab-Stadt (im Uhrzeigersinn von oben links): Straßenmusiker auf dem Platz vor der Kirche Sv. Marije, Tafelfreuden in einem in einer Renaissanceloggia untergebrachten Restaurant, traditioneller Armbrustschütze in voller Tracht. Unten: Carpe diem an der Uferpromenade.

**DIE GESTALT VON RAB,
DER SÜDLICHSTEN
INSEL DER KVARNER BUCHT,
ERINNERT AN EINEN KREBS.**

„Stadt der Kirchen" wird Rab-Stadt auch genannt: Aus unerfindlichen Gründen baute hier jede Generation erneut eine Kirche – in herrlicher Panoramalage über Stadt und Meer.

nahe. Nördlich und südlich des Ortes schieben sich kahle Bergzüge weit hinaus ins Meer und nehmen den grünen Talausläufer in der Mitte buchstäblich in die Zange. Abends bei gegrillten Sardinen und einem Glas Weißwein unter der weit ausladenden Akazie der Konoba Kod Frge im alten Ortskern von Baška ist die besondere Stimmung dieser Bucht zu spüren, doch am intensivsten erschließt sich ihr Charme bei einer Wanderung. Auf einem bequemen Klippenweg geht es nach Süden zum Kap Škukljica und über einen Geröllhang bergauf. Giftgrüne Eidechsen huschen über die Steine, aus einem kleinen Eichenwäldchen heraus blöken Schafe. Überall, selbst hier, zie-

hen Trockenmauern ihr geometrisches Netz über den Hang. Durch das dunkelblaue, nahezu spiegelglatte Meer paddeln Kajakfahrer auf den Felsklotz der Insel Prvić zu. Wo sonst in der Adria findet sich noch ein solches Paradies?

RABER PERSPEKTIVEN

Nur eine schmale Wasserstraße trennt Rab vom Festland, dem die Insel eine Wand aus abgeschliffenem Fels entgegenstemmt. Die Bora und die permanente Berieselung mit Salzgischt haben ihr Werk an der Küstenseite der Insel verrichtet. Aber schon hinter der ersten Kurve strotzt sie vor Fruchtbarkeit. Überall wird emsig umgegraben, gepflanzt, be-

schnitten. Bunte Bienenstöcke stehen am Rand der Felder.

Die Altstadt der Inselmetropole drängt sich auf einer schmalen Landzunge. Steile Wege und Treppen verbinden ihre drei längs verlaufenden Hauptgassen, an deren höchster, der Gornja ulica, sich mehrere Gotteshäuser aufreihen. Von der Romanik bis zum Klassizismus sind alle Baustile vertreten. Man sieht Zwiebelkappen und Wehrtürme, zweifarbige toskanische Fassaden, freistehende Säulen mit Akanthuskapitellen, eine bewegende Pietà und einen mächtigen, von Doppelfenstern durchbrochenen Glockenturm. Am Beginn dieser Gasse, zum Stadtpark Komrčar hin, entfaltet sich vom

Der etwa in der Mitte der gleichnamigen Insel gelegene Hauptort Pag war
bereits in der römischen Epoche besiedelt.

**AUF DER HALBINSEL LUN
IST PAG AM SCHÖNSTEN:
EINE LANDSCHAFT VON ATEM-
BERAUBEND-ARCHAISCHER
FASZINATION.**

In Šimuni, einem verträumten Fischerort auf der Insel Pag, speist man auf der
Terrasse des Restaurants Didova kuća mit Blick auf den Kvarner Golf.

An der palmengesäumten Hafenpromenade von Novalja, dem touristischen Zentrum der Insel Pag, verbinden kostenlose WLAN-Hotspots (hinten rechts im Bild) den Flaneur mit der Welt.

Schäferidyll in den jahrhundertealten Olivengärten von Lun (Insel Pag): Die drittgrößte der Kvarner Inseln markiert den Süden der Kvarner Region und gehört bereits zu Dalmatien.

Aussichtspunkt das bezaubernde Motiv der vier Raber Kirchtürme. An ihrem Ende, im Park des im 11. Jahrhundert erbauten Klosters Sv. Antun Opat, fallen Mauern und Felsen in ein Meer von karibischem Türkis hinab.

PAGER SPITZEN

Pags Piazza säumen einheitliche Fassaden aus hellem Stein; nur die Kathedrale und die Loggia durchbrechen das architektonische Einerlei. Dass die Hauptstadt der Insel Pag nichts gemein hat mit den verwinkelten, organisch gewachsenen Gebilden mittelalterlicher Siedlungen, liegt daran, dass sie zu Beginn des 15. Jahrhunderts abbrannte und vom damaligen Stararchitekten Juraj Dalmatinac nach Renaissance-Grundriss mit rechtwinkelig kreuzenden Straßen wiederaufgebaut wurde. Die Bewohner, die in dieses marmorne, ungemein kühle Kunstwerk einziehen mussten, tröstete Dalmatinac mit einem volkstümlichen Detail an der Kirchenfassade: Er umgab die Muttergottes in der Lünette mit Betenden in Pager Trachten. Ihre kunstvolle Fensterrose wurde zum Vorbild für die berühmte filigrane Pager Spitze, die junge wie ältere Frauen meist auf einem Bänkchen vor ihrem Haus sitzend in mühsamer Arbeit anfertigen.

Spitze, Lamm und Käse sind drei der vier Standbeine der Inselwirtschaft. Das vierte bilden die Salinen, die bereits in römischer Zeit betrieben wurden.

ATEMBERAUBEND ARCHAISCH

Wo das karge Pag am schönsten ist? Von Novalja, Pags Partyhauptstadt aus, streckt die Insel einen langen, kaum ein paar hundert Meter breiten Arm nach Norden. Wie ein Grat erhebt sich diese Halbinsel Lun 150 Meter hoch über das Meer und scheint nur aus Stein, Schafen sowie verkrüppelten Olivenbäumen zu bestehen. Einige Bäume zwang der Wind, fast waagerecht über dem Boden zu wachsen. Eine Landschaft für grausame Gottheiten und unheimliche Hexengeschichten – von archaischer Faszination.

Nachtleben

FEIERN BIS ZUM MORGENGRAUEN

*Badeschuhe, Sonnencreme, Sonnenbrille und Kondome – mehr braucht der Partygast
am Zrće-Beach nicht, um glücklich zu sein – zumindest suggerieren das die
Werbetexte der Partyveranstalter. Lange waren Istrien und die Kvarner Bucht nicht
gerade für ihr ausuferndes Nachtleben bekannt. Aber die Lust von Einheimischen
und Feriengästen auf Partys ohne Ende beflügelte die Szene. Heute gibt es kaum noch
einen Ferienort, der nicht stolz mit einem „Beach" wirbt.*

Bumm, bumm, bumm ... Riesenboxen hämmern vibrierende Bässe über die stille Bucht von Pudarica Beach. Feiern bis zum Abwinken lautete die Devise nicht nur auf Rab, sondern in allen Clubs zwischen Koper und Pag. Das biedere Image eines familienfreundlichen und eher langweiligen Urlaubsziels – soweit es Party und Feiern angeht – haben Istrien und die Inseln in der Kvarner Bucht längst über Bord geworfen.

Veteran unter den Partystränden ist Zrće bei Novalja auf der Insel Pag. Ausgerechnet die flache, landschaftlich ziemlich uninteressante Badebucht im Norden des kargen Eilands erwählten führende Zagreber Clubs wie das legendäre Aquarius zur Party-Destination. Weil dort im Sommer die Stammgäste fernblieben, um am Meer Urlaub zu machen, zog Aquarius einfach ihnen hinterher und eröffnete eine Dependance am Strand.

„Dance the night away": In der Santos Beach Bar auf der
Insel Rab tobt zuweilen der Bär (oben und rechte Seite).

Andere Diskotheken wie Papaya, Noa und Kalypso folgten – auf diese Weise mutierte Zrće zu einem der berühmtesten Partystränden Südeuropas. Paul van Dyk, Sven Väth und Armin Van Buuren legen regelmäßig im „kroatischen Ibiza" auf. Das Vorbild fand schnell Nachahmer: Rijekas Club Boa ist Party-Platzhirsch in Malinska auf der Insel Krk. Für Nachtschwärmer vom Festland wird sogar ein Shuttleservice organisiert.

DIE STARS DER SZENE

Was Mega-Partys angeht, hielt sich Istrien lange bedeckt; dafür steigen in und um Pula einige der spannendsten Konzerte vor spektakulären Kulissen:

In der Arena, dem römischen Amphitheater, geben sich Stars wie Lenny Kravitz oder die „Simple Minds" die Klinke in die Hand. Wenige Schritte weiter, im wiederbelebten römischen Theater, breiten alternative Künstler wie die Slowenen von „Laibach" ihre düsteren Klangteppiche aus. Und selbst die Insel Mali Brijun, sonst für Touristen gesperrt, empfängt im Sommer musikalische Gäste; hier jammen Stars des Westbalkan-Rock und –Jazz wie Damir Urban im ehemaligen Fort Minor, einer der größten austro-ungarischen Festungen der Adria.

Ein temperamentvolles Kontrastprogramm zu Rock und Jazz bietet Rovinj mit seinem Croatian Summer Salsa Festival (www.crosalsafestival.com). Livebands, DJs und Workshops verwandeln das Adriastädtchen in ein kroatisches Puerto Rico, die Congas geben den Rhythmus vor, und die besten Tanzpaare buhlen um die Aufmerksamkeit des Publikums.

Sommer, Sonne, Salsa – mehr Spaß geht wirklich nicht!

FREUD UND LEID

Obwohl Kroatien keine Billigdestination ist, hatte es bereits mit den negativen Konsequenzen des Partytourismus zu kämpfen: Immer mehr Veranstalter boten Gruppenreisen zur Dauerparty an der kroatischen Adria an, Flatrate-Saufen inklusive. Die abschreckende Szenerie bereits morgens volltrunkener junger Leute, die man von den von spanischen oder bulgarischen Partystränden kannte, spielte sich auch rund um Zrće ab. Eine permanente Lärmbeschallung und die Müllberge, die solche Veranstaltungen hinterlassen, gehörten zu den unerfreulichen Begleiterscheinungen. Zwar achteten die lokalen Behörden darauf, dass sich „gewöhnliche Urlauber" und Partypeople nicht ins Gehege kamen, aber das gelang nicht überall. Immerhin: Das Spektakel dauerte kaum sechs Wochen, von Mitte Juli bis Ende August. Davor und danach konnte – und kann – man sich in Istrien und der Kvarner Region ganz wunderbar erholen. Auch ohne bumm, bumm, bumm ...

Die besten Clubs & Locations

....

San Antonio Club/Pudarica Beach Bar, Barbat, Insel Rab, www.facebook.com/santosbeachbar
Strand Zrće, Novalija, Insel Pag, http://zrce.eu
Club Boa, Malinska, Insel Krk, www.facebook.hr
Fort Minor/Ulysses, Mali Brijun, www.ulysses.hr

Maßstab 1:370.000

0   3   6km

REIF FÜR DIE INSEL(N)

Jede der fünf Inseln im Kvarner Golf hat ein unverwechselbares Gesicht. Beim Insel-hopping mit Fährschiffen erleben Sie eine vielfältige Inselwelt, deren Gemeinsamkeit der spröde, graue Kalkstein ist, der auch das Küstengebirge auszeichnet. Das ist kein Wunder: Die Eilande sind die Bergrücken von in der Eiszeit überfluteten Tälern.

❶ Insel Krk

Mit rund 18 000 Einwohnern ist die Insel relativ dicht besiedelt. Ihre karge, dem Festland zugewandte Felsküste schützt die fruchtbare Inselmitte vor der Bora.

SEHENSWERT

Die noch fast ganz ummauerte **Krk-Stadt TOPZIEL** war über Jahrhunderte hinweg Sitz des kroatischen Fürstengeschlechts der Frankopanen. Das mächtige Kastell auf dem Kamplin genannten Platz oberhalb der Altstadt errichteten die Frankopanen Ende des 12. Jh.s (Sommer Mo.–Sa. 9.00–22.00 Uhr). Durch die engen Gassen bergab in Richtung Meer passiert man die Kathedrale (12. Jh.) und die romanische Kirche Sv. Kvirin, die als Museum und Zugang zur Kathedrale diente, aber zur Zeit geschlossen ist. An der Vela Placa sind das Rathaus mit einer 24-Stunden-Uhr aus dem 16. Jh. und der Brunnen sehenswert. Vom gotischen Haus mit dem Café Volsonis blieben noch die römischen Fundamente erhalten.

Der Ferienort **Punat** an der beliebten Krker Bucht ist ein hübsches Städtchen. Attraktiv sind die Strände sowie die große Marina. Taxiboote setzen zur **Insel Košljun** über, auf der Mönche seit dem 12. Jh. kostbare Dokumente hüten (Bibliothek, botanischer Garten; Mo.–Sa. 9.30–17.00, So. 10.30–12.30 Uhr). Wer einsame Strandbuchten sucht, wird 10 km südl. in und um **Stara Baška** fündig. Dort bietet die Dive Base Krk Tauchkurse und Exkursionen in die glasklaren Gewässer um Krk an (https://dive-base-krk.de). Der Ferienort **Baška** weiter östlich besetzt mit Hotels und Ferienhäusern eine von Bergen geschützte Bucht mit Feinkiesstrand und vielen Wanderwegen. Hübsch ist der kleine historische Kern, besuchenswert die Kirche Sv. Lucija im nahen Jurandvor. Wein und Glagolica sind die Markenzeichen der auf einem Felsplateau über der Ostküste thronenden Stadt **Vrbnik**. An vielen Häusern wie an der Pfarrkirche Sv. Antuna blieben noch Glagolica-Inschriften erhalten. In einem der vielen Weinläden sollten Sie den frischen Weißwein Vrbniška Žlahtina verkosten! Zu einem interessanten Ausflug in die Unterwelt lädt die **Tropfsteinhöhle Biserujka**, 20 km nach Norden, mit mehreren Sälen (Juli/Aug. tgl. 9.00–18.00, Mai/Juni, Sept. tgl. 9.00–17.00, April, Okt. tgl. 10.00 bis 15.00 Uhr, www.spilja-biserujka.com.hr).

Tipp

Verlorener Sohn

Im Jahr 1996 wurde er im Meer vor Lošinj entdeckt und 1999 an Land geholt: Der kroatische Apoksiomen ist eine von drei weltweit noch existierenden Ganzkörperstatuen eines griechischen Athleten, der seinen Körper mit einem Schaber von Staub und Öl befreit. Dieser „Apoxyomenos" war ein um das 2./1. Jh. v. Chr. beliebtes und oft kopiertes Motiv. Viele Jahre musste Lošinj auf seine Rückkehr warten, denn er wurde in den großen Museen in Zagreb, London etc. ausgestellt. Erst 2016 kehrte er heim, und Mali Lošinj widmete ihm ein eigenes Museum.

INFORMATION
Muzej Apoksiomena, Mali Lošinj, Riva lošinjskih kapetana 13, www.muzejapo ksiomena.hr, Di.–So. 9.00–22.00 Uhr

BARS, RESTAURANTS/HOTELS
Ein Klassiker in Krk-Stadt ist das **€€ Frankopan** neben der Quirinskirche – gute, gediegene Küche in Altstadtkulisse (Trg sv. Kvirina 1, Tel. 051/22 14 37, www.facebook.com/frankopankrk). Der lauschige Innenhof ist das große Plus des sympathischen **€€ Citta Vecchia** (Strossmayerova 36, Mobil-Tel. 091/311 00 78). Abends

Oben links: Verkostung in der Vinarija Nada (Vrbnik, Insel Krk). Oben rechts: am Trg Kamplin, einem der ältesten Plätze in Krk-Stadt.

sitzt man in der **Cocktail-Bar Volsonis** (Vela Placa) oder in der **Casa del Padrone** (Šet. Sv. Berbardina). Etwas abseits vom Rummel speist man in der Altstadt von Baška bei **€€ Kod Frge** preiswert und exzellent (V. Nazora 15, Mobil-Tel. 098/49 11 88, www.facebook.com/kod frge). Bei **€€ Nada** in Vrbnik stimmen Küche, Service und Wein, denn er kommt aus der hauseigenen Kellerei (Glavaca 22, Tel. 051/85 70 65, www.nada-vrbnik.hr). Junge Leute fühlen sich in Punat im **€ Hostel Kantun** wohl (Kralja Zvonimira 44, Tel. 051/72 58 80, www.hostel kantun.com). Komfortabel kommt man in Krk-Stadt im **€€ Krk Sunny Hotel** am Meer unter (Vlade Tomašića, Tel. 052/46 50 00, www.vala mar.com) oder im **€€€ Hotel Marina** am alten Hafen (Obala Hrvatske mornarice 8, Tel. 051/22 11 28, http://hotelikrk.hr). Ein angenehmes Hotel am Strand von Baška ist das **€€ Zvonimir Sunny Hotel** (Emina Geistlicha 39, Tel. 051/65 68 10, www.valamar.com).

INFORMATION
TZ Krk, J. J. Strossmayera 9, Tel. 051/22 02 26, www.tz-krk.hr

Links oben: Fischmarkt in einer schönen Halle direkt am Hafenbecken von Mali Lošinj auf der Insel Lošinj. Rechts oben: die Kirchtürme von Rab-Stadt. Links: im Jachthafen von Mali Lošinj.

❷ Insel Cres

Das lang gezogene, dabei nur wenige Kilometer breite Cres (2100 Ew.) hat als einzige Kvarner Insel mit dem Vrana-See ein natürliches Süßwasserreservoir.

SEHENSWERT
Schmale Häuser und eine Renaissanceloggia rahmen das Hafenbecken von **Cres-Stadt** ein. Das ruhige Örtchen mit einigen Cafés und Restaurants schmückt sich mit dem Kloster Sv. Frane (14. Jh.). Dessen doppelter Kreuzgang mit buntem Garten lohnt unbedingt einen Besuch (www.samostansvfrane-cres.hr, Sommer Mo.–Sa. 10.00–12.00, 16.00–18.00 Uhr). Hauptort der Tramuntana nordwestl. von Cres-Stadt ist das 20 km entfernte **Beli**. Wanderwege führen durch die von Flaumeichen und Hainbuchen geprägte Landschaft. Im **Beli Visitor Centre** werden verletzte Gänsegeier gesundgepflegt und ausgewildert (www.belivisitorcentre.eu, Juli/Aug. tgl. 10.00–18.00 Uhr). Der Strand 130 m unterhalb des Ortes zählt zu den malerischsten des Archipels. Auch die Bucht von **Valun**, 15 km südwestl. von Cres-Stadt, lädt mit Kiesbuchten zum Sprung ins klare Nass. In der Kirche des Ortes wird eine Tafel mit glagolitischen Inschriften (11. Jh.) aufbewahrt. Nach **Lubenice** (südwestl. von Valun) mäandert die schmale Straße zwischen Bruchsteinmauern bergauf. Vom Bergplateau aus eröffnen sich herrliche Berg- und Meerpanoramen. Eine Ausstellung in der ehemaligen Schule widmet sich dem Thema Schafzucht (in der Saison tgl. 9.00–18.00 Uhr). Die Stadt **Osor** am Isthmus zwischen Cres und Lošinj wurde im 17. Jh. nach Malariaepidemien aufgegeben. Heute leben hier nur noch rund 80 Einwohner. Loggia, Kathedrale und Bischofspalast aus dem 14.–16. Jh. sind Zeugen der großen Ära; moderne Skulpturen rund um das Thema Musik stehen für die Bedeutung der hiesigen „Musikabende" im Sommer.

RESTAURANTS/CAMPING/PENSION
Gemütliches Ambiente und frische Meeresfrüchte machen das €€ **Riva** zum Restaurant der Wahl in Cres-Stadt (Riva Creskih Kapetana 13, Tel. 051/57 11 07). In Valun speist man mit Blick auf die Bucht in der €€ **Gostionica na moru** (Valun 56, Tel. 051/52 50 56). In der € **Konoba Hibernica** in Lubenice gelingt vor allem Lamm wunderbar (Tel. 051/84 04 22). Die €€ **Konoba Bonifačić** in Osor zeichnet sich durch leckere Küche und aufmerksame Bedienung aus (Osor 64, Tel. 051/23 74 13).
€ **Camping Slatina** in **Martinšćica** ist ein besonders komfortabler, in Grün eingebetteter Platz (Tel. 051/57 41 27, www.camp-slatina.com). In Beli empfiehlt sich die €€ **Pension Tramontana**, deren Eigentümer auch Touren zur Geierbeobachtung anbieten (Tel 051/84 05 19, www.beli-tramontana.com).

INFORMATION
TZ Cres, Peškera 1, Tel. 051/57 15 35, www.tzg-cres.hr

❸ Insel Lošinj

Lošinj (7000 Ew.) wurde Ende des 19. Jh.s aufgeforstet. Die beiden Inselstädte Mali und Veli Lošinj bilden das urbane Zentrum der Insel.

SEHENSWERT/MUSEUM
Der kleine Ort **Mali Lošinj** an einer schmalen, tiefen Bucht ist touristischer Mittelpunkt der Insel mit vielen Cafés, Restaurants und dem bei Bootsfahrern beliebten Hafenbecken. Nur 4 km nach Südosten sind es in den größeren Ort **Veli Lošinj**, dessen Hafen von der Kirche Sv. Antun bewacht wird. Wohlhabende Kapitäne statteten sie mit kostbaren Gemälden aus. Der einstige Wachtturm Kula birgt ein Schiffahrtsmuseum (Mitte Juni–Mitte Sept. Di.–So. 10.00 bis 13.00, 18.00–21.00 Uhr, sonst kürzer). Rund 4 km westl. liegen mit **Čikat** und **Sunčana**

Uvala die schönsten Badebuchten in dichtem Piniengrün. Hier stehen noch mehrere historische Villen aus der Blütezeit des Kurtourismus; mit dem Windsurf-Pionier Elmar Vogel kann man in der Čikat-Bucht windsurfen, im Kajak paddeln oder katsegeln sowie Rad fahren (www.sunbird.de). Rund 17 km weiter nördl. erreichen Sie **Nerezine**, in dem heute noch die traditionellen *brigatini* (inzwischen allerdings mit Motor ausgestattet) gebaut werden.

RESTAURANTS/HOTELS
Wie in alten Zeiten fühlt man sich in Mali Lošinj in der rustikalen €€ **Konoba Dišpet** (Sv. Martin 10, Tel. 051/23 25 12). Kreative, italienisch gefärbte Küche serviert Marco Sasso in der €€€ **Bora Bar** an der Rovenska-Bucht (Rovenska 3, Tel. 051/86 75 44, www.borabar.net). Romantisch wohnt man in der €€ **Vila Conte** (Garina 14, Veli Lošinj, Tel. 051/26 86 97, www.hotel-vilaconte.com). Ein Wellnesspalast im Pinienwald mit Blick über die Čikat-Bucht ist das €€€ **Aurora** mit schicker Einrichtung, Traum-Spa und feiner Kräuterküche (Sunčana uvala 4, Tel. 051/66 72 00, www.losinj-hotels.com).

INFORMATION
TZ, Priko 42, Tel. 051/23 18 84, www.visitlosinj.hr

Tipp

Unterirdisch

Dass **Novalja** auf der Insel Pag bereits in römischer Zeit besiedelt war, belegen viele Funde. Ein sensationelles Relikt hütet das Museum von Novalja: den Zugang zu einer 60 cm breiten und gut 1 km langen unterirdischen Wasserleitung (Abb. unten). Neun Lüftungsöffnungen und das Gefälle von der rund 50 m hoch gelegenen Quelle sorgten für stetigen Wasserfluss. Besucher dürfen die Leitung ein paar Schritte weit begehen.

INFORMATION
Gradski muzej, Ul. kralja Zvonimira 27, www.gradskimuzejnovalja.hr, Juni, Sept. Mo.–Fr. 7.00–15.00, Juli/Aug. tgl. 8.00–22.00 Uhr

④ Insel Rab

Rab (10 000 Ew.) ist das grünste und fruchtbarste Eiland des Archipels.

SEHENSWERT
Illyrer und Römer nannten die Insel *Rab Arba* („die Dunkle", wegen ihrer dichten Wälder) und die heutige Kapitale **Rab-Stadt** TOPZIEL *Arba felix* („glückliches Arba"), wegen ihres malerischen Aussehens. Vom eleganten, zum Meer hin geöffneten Hauptplatz Trg Municipium Arbae führen Treppengassen zur höchsten Gasse Gornja Ulica, in der vor allem die Fassade der im 12. Jh. errichteten Kathedrale Beachtung verdient. Von der Festung Sv. Kristofora eröffnet sich Rabs berühmte Fotoperspektive mit den vier Türmen. Die **Halbinsel Lopar** 12 km weiter gen Nordwesten ist von – nur zu Fuß zugänglichen – Sand- und Kiesbuchten gesäumt, die vor allem von FKK-Anhängern besucht werden.

RESTAURANT/HOTEL
Spezialität der €€ **Konoba Rab** (Kneza Branimira 3, Tel. 051/72 56 66) sind Grillgerichte. Feine Mittelmeerküche serviert das Restaurant des €€€ **Hotels Arbiana**, das in einer historischen Villa residiert und sich auch als Übernachtungsmöglichkeit empfiehlt (Obala Kralja P. Krešimira 12, Tel. 051/77 59 00).

INFORMATION
TZ Rab, Trg Municipium Arba 8, Tel. 051/72 40 64, www.rab-visit.com

⑤ Insel Pag

Spitzen und Käse sind Pags Spezialitäten; dazu kommen die heißesten Partystrände der Region.

SEHENSWERT
Mittelpunkt der im 15. Jh. gegründeten Kapitale **Pag-Stadt** ist die Kathedrale Sv. Marija mit ihrer eleganten Renaissancerosette, die als Vorbild für eines der Spitzenmuster gilt. Beim Bummel durch die Gassen sieht man ältere Damen vor ihren Häusern sitzen und an den kostbaren Spitzen arbeiten. Am Stadtrand erinnert die alte Marienkirche oberhalb der Salinen an die zerstörte Vorgängersiedlung, die die Menschen im 15. Jh. verlassen mussten. **Novalja**, 27 km nordwestl., ist ein von zwei schönen Stränden gesäumter Badeort. Weiter gen Norden fahrend wechselt die Szenerie auf der **Halbinsel Lun** ins Unwirkliche: Gebeugte, uralte Olivenbäume, frei weidende Schafe und Felsbuchten schaffen eine faszinierende Kulisse.

RESTAURANT/HOTEL
Die Kräuteraromen der Insel verleihen der Küche des Restaurants im €€€ **Hotel Boškinac** ihren Geschmack. Schön ist auch die Übernachtung in diesem friedlichen Ambiente (Novaljsko polje, Tel. 053/66 35 00, www.boskinac.com).

INFORMATION
TZ Pag, Od Špitala 2, Tel. 053/61 12 86, www.tzgpag.hr

BOOT & BIKE

Früher befuhren die schnittigen Segler aus der Lošinjer Werft in Nerezine den Atlantik; heute tuckern ihre modernen Nachbauten zwischen den Kvarner Inseln und laden Passagiere und Fahrräder an den schönsten Buchten ab.

Sportliche Herausforderung und Erholung – diese beiden Pole verbindet ein kombinierter Schiffs- und Radtörn. Voraussetzung ist eine gute Kondition, denn die Inseln sind gebirgig. Dafür sind die Teilnehmer aber auch ganz nahe dran an den Inseln. Weder das Anhalten an Aussichtspunkten, der erfrischende Stopp für einen Sprung ins Meer noch die Picknickpause in der sommerlichen Blütenwiese bereiten Parkplatzprobleme.

Abends ankern die Schiffe am Hafenbecken. Beim gemeinsamen Essen an Deck vor der Kulisse der sich im Wasser spiegelnden Häuser wird's romantisch. Leute bummeln vorbei, nicht selten ergibt sich ein nettes Gespräch. Der Kontakt zu den Kroaten ist hier ohnehin intensiv, denn man lebt schließlich auf Tuchfühlung mit der Mannschaft. Am Morgen werden dann die Anker wieder gelichtet, das Schiff steuert das nächste Ziel an. Zeit, sich in die Sonne zu legen und die Traumküste an sich vorbeiziehen zu lassen, bis es erneut heißt: Auf die Räder!.

Radreisen in Kombination mit Bootstouren bieten verschiedene Veranstalter an, etwa: Katarina Line, V. Spiničića 13, Tel. 051/60 34 00, www.katarina-line.com

Sport, Spaß und Adrenalin

ZU WASSER UND ZU LANDE

Spielen Sie gerne gepflegt Golf oder toben Sie lieber mit ihren Kindern über Wasserrutschen? Darf es ein Schuss Adrenalin sein oder steht die Entspannung im Vordergrund? So oder so: Istrien und die Kvarner Bucht haben in jeder Hinsicht viel zu bieten.

❶ Aus der Vogelperspektive

An einem Gleitschirm hängend schwebt man wie ein Vogel, geleitet vom Wind, mal tiefer gehend, sich dann wieder wie ein Adler nach oben schraubend über ein grün-grau-blaues Bilderbuch. Man sieht das Meer am Horizont verführerisch glitzern, die Kirchturmspitzen über die Dörfchen wachen und Felder wie Fleckerlteppiche um die Hügel gruppiert. Die Piloten von Paragliding Istra aus Motovun sind alle sehr erfahren und vermitteln ihre Freude am Sport auch bei einem Tandem-Flug – ein unvergessliches Erlebnis.

Paragliding Istra, Borgo 1, Motovun, www. istraparagliding.com, Tandem- Flug ab 130 €

❷ Freeclimbing im Steinbruch

Es macht das Klettern nicht spannender, wenn man weiß, dass man sich durch die Wände eines Steinbruchs bewegt, in dem Venedig den Marmor für seine Paläste brach. Aber es ehrt durchaus, seinen Lieblingssport auf derart historisch aufgeladenem Gestein ausüben zu können. Zlatni rt, das Goldene Kap, zählt zu den berühmtesten Kletterarealen Kroatiens. Reizvoll sind vor allem die nahezu senkrecht aus dem Meer ansteigenden Felspartien. Da der Fels westwärts gewandt ist, kann man bis etwa mittags mit Schatten rechnen – und der Strand für die Abkühlung ist stets nur wenige Meter entfernt.

Kletterfelsen im Naturpark Zlatni rt, Rovinj, www.clim bistria.com

❸ Wasser marsch

Das Wasser hat 26 °C, die Luft etwa zehn Grad mehr, und die Stimmung ist prächtig. Auch bei der Ausstattung des „spaßigsten Wassers Istriens", so die Eigenwerbung, wurde an nichts gespart: vom familienfreundlichen Schlauchboot-Rafting über den Wave Pool mit regelmäßigen Riesenwellen bis hin zum Bunga Hole, einem rasenden Rutsch durch dunkle Röhren ….
Fürs Rahmenprogramm sorgen DJs, Musikbands, Schaumpartys und bonbonbunte Drinks.

Aquapark Istralandia, Umag, Nova vas, Tel. 052/86 69 00, www.istralandia.hr, Juni, Sept. 10.00–18.00, Juli/ Aug. bis 19.00 Uhr

❹ Einputten zwischen Oliven und Meer

Dass es in Istrien bislang nur zwei Golfplätze gibt, ist komplizierten Eigentumsverhältnissen und engagierten Umweltschützern zuzuschreiben. Die Macher des 80 Hektar großen Platzes Golf Adriatic am nördlichsten Istrien-Zipfel unweit der slowenischen Grenze haben all diese Schwierigkeiten gemeistert. Der 18-Loch-Platz (6360 m) fügt sich perfekt in die Landschaft zwischen Olivenhainen und Weinreben ein. Sand- und Wasserhindernisse, schmale und breite Spielbahnen bieten jedem etwas. Manchmal spielt auch der Wind mit – der kann nämlich recht heftig über den Platz toben. Besonders schön ist es im Frühjahr, wenn die Sommerhitze dem Gras und den Pflanzen noch nicht zugesetzt hat und das Rot der Terra Rossa zwischen den jungen Weinreben leuchtet.

Golf Adriatic, Alberi 300, Savudrija, Tel. 052/70 71 00, www.golf-adriatic.com, ganzjährig, PAR 72

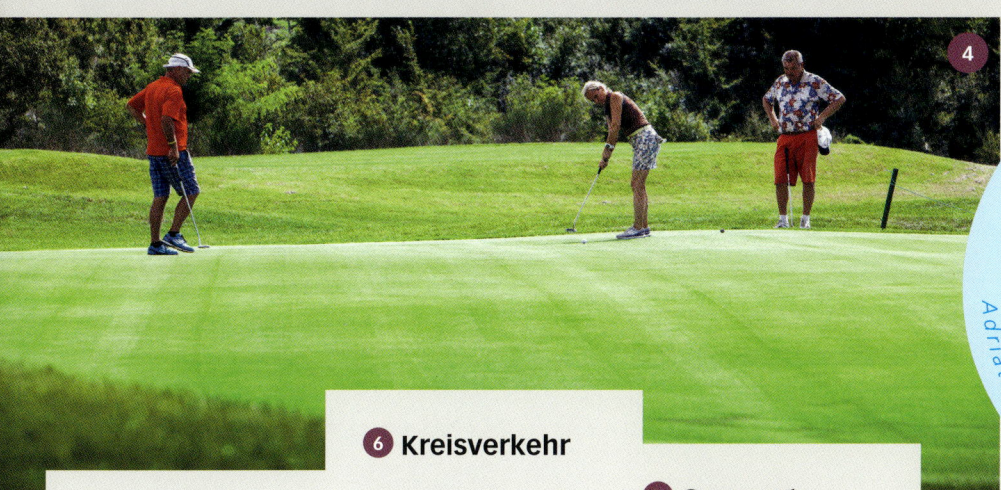

⑥ Kreisverkehr

⑤ Ich Tarzan, du Jane

Anfangen muss jeder, ob Einsteiger oder Könner, mit dem „Gelben Level", aber dann geht's zügig weiter zu den zehn Hindernissen des 6 m hohen „Blauen Levels", die durchaus für ein bisschen Nervenkitzel sorgen, vor allem die rasante, 130 m lange ZIP-Line-Fahrt zum Abschluss. Dass das 10 m hohe „Schwarze Level" noch etwas mehr von einem fordert, liegt auf der Hand. Höhepunkte sind die quer über das Gelände führende „Teufelsbrücke" und der Giant Swing, eine 11 m weit auschwingende Monsterschaukel.

Glavani Park, Glavani 10, Barban, Tel. 091/896 45 25, www.glavanipark.com, tgl. 9.00–17.00 Uhr

Der Wasserskilift an der Bucht von Punat ist viel mehr als nur ein simples Zuginstrument für Wasserski- oder Wakeboardfahrer. Hier lehnen coole Jungs und Mädels an der Bar, hören coole Musik und verfolgen mit coolem Blick, wie der Lift seine Wackelkandidaten durchs Meer schleudert. Um das zu wagen, sollte man auch selbst ziemlich cool sein: Denn selbst der erfahrenste Boarder erwischt schon mal eine Kurve falsch und landet im Wasser. Aber das gehört zum Spaß – kennt man ja auch vom Skaten auf dem Gehweg, nur dass der Untergrund nicht stabil ist. Platsch. Auf ein Neues!

Cable Krk, Punat, Insel Krk, www.wakeboarder.hr, Mai–Sept. tgl. 10.00 Uhr bis Einbruch der Dunkelheit

⑦ Ganz entspannt im Blau der Adria

Der Siegeszug des Yoga ist nicht aufzuhalten; letzter Schrei sind Asanas auf dem Standup Paddling Board (SUP). Darauf die richtige Atmung und die nötige Balance herzustellen ist eine enorme Herausforderung – und zugleich höchst meditativ. Mit dem sanften Schaukeln der Wellen überträgt sich das nasse Element auf Körper und Geist; wer sich ihm hingibt, erlebt seine Asanas noch intensiver. Dass die Stunde mit einer Paddel-Tour durch die Bucht beginnt und endet, macht SUP-Yoga zu einer wirklich runden Sache.

Metta Float Yoga & SUP, plaža Bijeca, Medulin, Mobil-Tel. 099/770 90 16, www.mettafloat.com

⑧ Rendezvous mit Schlangensternen

Am 13. August 1914 verließ der Passagierdampfer Baron Gautsch der Österreichischen Lloyd, der im Linienverkehr zwischen Triest und verschiedenen adriatischen Häfen pendelte, den Hafen von Veli Lošinj. Vor Pula geriet er durch Unachtsamkeit des Ersten Offiziers in das soeben von der österreichischen Marine gelegte Minenfeld, explodierte und sank innerhalb weniger Minuten. Von den über 300 Passagieren konnten nur etwas mehr als die Hälfte gerettet werden. Das Wrack wurde erst im Jahr 1958 wiederentdeckt. Als „künstliches", mit zahllosen Muscheln, Algen und Schwämmen bewachsenes Riff liegt es nun in über 40 m Tiefe auf Kiel. Schlangensterne, Seespinnen und Hummer haben sich in Kombüsen und Kajüten eingenistet, riesige Meerale ziehen ihre Bahnen über das Deck. Das Schiff erlaubt Tauchern einen faszinierenden Blick in die Unterwasserwelt der Adria. Da Wracktauchen nicht ungefährlich ist, dürfen nur eigens lizensierte Tauchschulen zur Baron Gautsch und den anderen Wracks vor Istriens Küste.

Morski Puz, Autocamp Veštar, Rovinj, Mobil-Tel. 099/214 02 12, www.diving-rovinj.com, Wracktauchen z. B. zur Baron Gautsch

Oben: Eine gute Adresse zum Campen ist das Kamp Glavotok an der Westküste der Insel Krk.
Rechts: Villa im einstigen k.u.k.-Seebad Lovran.

HILFREICH & NÜTZLICH

Praktische Informationen für die Reise und einiges Wissenswerte über Istrien und die Kvarner Bucht haben wir hier für Sie zusammengetragen.

Auskunft

Internet: www.slovenia.info, www.croatia.hr, www.istra.hr, www.kvarner.hr, www.kroati.de
Deutschland: Kroatische Zentrale für Tourismus, Stephanstr. 13, 60313 Frankfurt, Tel. 069/238 53 50
Österreich: Mariahilfer Str. 31/16, 1060 Wien, Tel. 01/585 38 84, www.htz.hr

Feiertage und Feste

Feiertage: 1. Jan. Neujahr, 6. Jan. Hl. Drei Könige (Kroat.), 8. Feb. Tag der Kultur (Slow.), 27. April Tag des Widerstands (Slow.), 1. Mai Tag der Arbeit (Slow. auch 2. Mai), 22. Juni Tag des antifaschistischen Widerstands (Kroat.), 25. Juni Nationalfeiertag (Slow.), 5. Aug. Tag des Siegs und der Dankbarkeit (Kroat.), 15. Aug. Mariä Himmelfahrt, 8. Okt. Unabhängigkeitstag (Kroat.), 31. Okt. Reformationstag (Slow.), 1. Nov. Allerheiligen, 25. Dez. Weihnachten, 26. Dez. Weihnachten (Kroat.), Unabhängigkeitstag (Slow.)
Feste:
Februar/März Karneval, in Rijeka und Opatija sind furchterregende zvončari, glockenschwingende Fellungeheuer, unterwegs.
Mai: Z armoniku v Roč, Roč ist Gastgeber eines Treffens von Triestina-Spielern aus ganz Europa.
Juni: Stadtfest in Hum anlässlich der traditionellen Bürgermeisterwahl, Tage der Antike in Pula, Jules-Verne-Tage in Pazin. Festivals der Capesante (Jakobsmuscheln) in Novigrad und der Kirschernte in Lovran.
Juli: Jakovlja, Fest des hl. Jakob (25.7.) mit feierlicher Prozession in Jadranovo bei Crikvenica. Im istrischen Kanfanar wird bei dieser Gelegenheit das schönste Boškarin-Rind prämiert. Internationale Filme präsentiert das Pula Film Festival u.a. in der Arena sowie das Motovun Film Festival in Motovun.

Juli/August: Labin Art Republika, Künstler aller Genres präsentieren ihre Arbeiten in der Altstadt.
August: Trka na prstenac, im istrischen Barban wetteifern mit Lanzen bewehrte Reiter darum, in schnellem Ritt einen Ring zu treffen. Die Delfintage auf Lošinj lenken durch Spiele und Aktionen den Fokus auf die Meeressäuger. Sommerkonzerte in der Basilika von Poreč (klassische Musik), Musikabende in Osor (Cres) mit zeitgenössischen Werken. Street Art Festival in Rovinj.
September: Mala Gospa in Njivice auf Krk mit einer frommen Prozession zu Ehren Mariens. Sladka Istra in Koper mit landwirtschaftlichen Erzeugern aus ganz Istrien und ihren Produkten. Tage des istrischen Trüffels von September bis Ende November in vielen istrischen Gemeinden.
Oktober: Marunada, Fest der Esskastanie, in Lovran. Punat auf Krk feiert die Tage der Olive mit Olivenernte und Ölverkostung.
November: Tag des hl. Maurus in Poreč (21.11.), zugleich Festival der Polenta.
Dezember: Festival des istrischen Malvazija in Brtonigla bei Poreč.

Geld und Kreditkarten

Währung in Slowenien ist der **Euro**. In Kroatien wurde der Euro Anfang 2023 eingeführt; gelegentlich findet man aber noch Preisauszeich-

Info

Daten & Fakten

Geografische Lage: Die Halbinsel Istrien zwischen dem Golf von Triest und dem Kvarner Golf ist politisch dreigeteilt: Ein Abschnitt um das Städtchen Muggia gehört zu Italien, ein weiterer kleiner Teil mit 46,6 km Küstenlänge zu Slowenien, der große Rest zu Kroatien. Die Halbinsel geht am Kvarner Golf in mediterranes Küstenland mit mehreren großen Inseln – Cres, Lošinj, Krk, Rab und Pag – über. Verwaltungstechnisch ist die Region in die beiden Županije (Gespanschaften) Istra und Primorje-Gorski kotar unterteilt.
Bevölkerung: Rund 570 000 Menschen leben in der Region; die meisten sind slowenischer bzw. kroatischer Herkunft. Etwa 7 % der Istrer gehören der italienischen Minderheit an. Die große Mehrheit ist katholisch.
Wirtschaft: Istrien und die Kvarner Region sind landwirtschaftlich geprägt. Industrie gibt es nur in den Hafenstädten Koper, Pula und Rijeka. Einen wichtigen Beitrag leistet der Tourismus. Die Arbeitslosenquote, die in Gesamtkroatien um die 7 % beträgt, liegt in der Region mit 3–4 % deutlich niedriger.
Naturraum: Karstgestein ist das prägende Element dieser Region. Die Inseln entstanden durch Überflutung von Küstengebirgen nach dem Ende der letzten Eiszeit. Fast alle wenden dem Festland nackten Fels zu; das Inselinnere ist meist üppig bewachsen. Das gebirgige Istrien unterteilt man in ein „rotes" Istrien (die westliche Küste und das Hinterland) mit fruchtbarer Terra Rossa, das „graue" Zentralistrien mit Flysch- und Lehmböden sowie den „weißen", von Kalkstein gekennzeichneten Osten. Mediterrane Vegetation, Weingärten und Olivenhaine bestimmen hier das Landschaftsbild.

Krk-Stadt ist die Kapitale der gleichnamigen Insel im Kvarner Golf und gehört wie der größte Teil der in diesem Heft vorgestellten Region zu Kroatien.

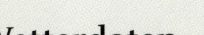
Wetterdaten

Istrien (Pula)

	TAGES-TEMP. MAX.	TAGES-TEMP. MIN.	WASSER-TEMP.	TAGE MIT NIEDER-SCHLAG	SONNEN-STUNDEN PRO TAG
Januar	9°	2°	11°	7	3
Februar	10°	2°	11°	6	4
März	13°	5°	11°	7	6
April	16°	8°	13°	6	7
Mai	21°	12°	17°	7	9
Juni	25°	16°	21°	5	10
Juli	28°	18°	24°	4	11
August	28°	18°	24°	4	10
September	24°	15°	22°	5	8
Oktober	19°	11°	19°	7	6
November	14°	7°	16°	9	4
Dezember	10°	4°	13°	8	3

nungen in der früheren Währung Kuna. An Geldautomaten können Sie in allen größeren Orten Geld abheben (Gebühren beachten).

Gesundheit

Besondere gesundheitliche Risiken bestehen nicht. Ins Reisegepäck gehören **wasserfester Sonnenschutz** und **Badeschuhe** wegen der scharfkantigen Felsen und der Seeigel. In allen Fremdenverkehrsorten finden Sie deutsch-sprachige Ärzte, gut ausgestattete Kliniken und Ambulanzen. **Dialysezentren** befinden sich u.a. in Rovinj, Medulin, Labin und Opatija.

Hotels

Preiskategorien

€ € € €	Doppelzimmer	über 250 €
€ € €	Doppelzimmer	150 – 250 €
€ €	Doppelzimmer	80 – 150 €
€	Doppelzimmer	bis 80 €

Empfohlene Adressen siehe Infoseiten der vor-angegangenen Kapitel.

In allen Ferienorten an der Küste Istriens, des Kvarner Golfs und auf den Inseln findet man **Hotelzonen** mit komfortablen, in den letzten Jahren renovierten Unterkünften der Drei- bis Fünf-Sterne-Kategorie, die fast alle über deut-sche Veranstalter pauschal gebucht werden können. Dazu gehören meist ein breites Sport-angebot, Wellness-Center, teils auch ein Pri-vatstrand (obwohl in Kroatien offiziell nicht zu-gelassen). In einigen Städten haben sich feine **Stadthotels** etabliert, teils in historischen An-wesen und meist nur mit wenigen, exquisit möblierten Gästezimmern. Ähnliche, individu-elle und zumeist privat geführte Unterkünfte gibt es auch im Hinterland. Viele Privathoteliers bewerben ihre Unterkünfte mit dem Gütesiegel Domus Bonus, zu buchen über die Website www.istra.hr.

Urlaub in Ferienhäusern wie den traditionel-len stancije (Landgüter) oder auf dem Bauern-hof (agroturizam) wird immer beliebter. Unter den vielen Vermietern solcher Objekte sowie un-ter den vielen Privathotels hat **Istrien Pur** eine qualitätsvolle Auswahl getroffen (Brigitte Müller, Tel. 052/68 15 18, www.istrien-pur.com).

Öffnungszeiten

Banken sind in der Regel werktags von 8.00 bis 16.00 geöffnet, **Postämter** von 7.00 bis 19.00 Uhr; kleinere Filialen schließen früher oder machen eine Mittagspause. In Fremden-verkehrsorten sind Postämter häufig auch samstags und sonntags besetzt. **Große Super-märkte** sind täglich 8.00–20.00, **Geschäfte** in den Zentren der Touristenorte von 9.00 bis 20.00 Uhr geöffnet, während **kleinere Läden** abseits des Ferienrummels früher schließen und sonntags nicht öffnen.

Reisezeit

Wer es einrichten kann, sollte Juli und August besser meiden. Hohe Preise und volle Strände schmälern das Urlaubsvergnügen. Juni und September sind ideal, wenn man baden möchte, Frühjahr und Herbst empfehlen sich mit ange-nehm-warmen Temperaturen für Aktiv- und Kulturreisende; allerdings sollten Sie mit gele-gentlichen Regentagen rechnen. Selbst in den Wintermonaten – ideal für Wellnessaufenthalte – ist die Region besuchenswert; richtigen Frost gibt es selten, mit etwas Glück spaziert man bei Sonne und milden 10 °C die Meerespro-menaden entlang, während es zu Hause schneit.

Restaurants

Preiskategorien

€ € € €	Hauptspeisen	über 25 €
€ € €	Hauptspeisen	18 – 25 €
€ €	Hauptspeisen	12 – 18 €
€	Hauptspeisen	bis 12 €

Das Speisenangebot der meisten **Restaurants** ist relativ ähnlich, auch beim Preisniveau gibt es nur geringe Schwankungen. Eine Ausnahme machen die immer zahlreicher werdenden Gourmetrestaurants, deren Preise deutlich da-rüber liegen. **Konobas,** ursprünglich rustikale Weinlokale, haben sich auf eher einfache, tradi-tionelle Küche spezialisiert, in manchen wird allerdings auf hohem Niveau gekocht. Vegetari-sche oder gar vegane Gerichte gibt es leider selten. Restauranttipps finden Sie auf den Info-seiten der jeweiligen Kapitel (s. auch „Unsere Favoriten", S. 88/89).

Sport

Baden: An rund 80 Stränden der Region wehte zuletzt die Blaue Flagge als Auszeichnung für besondere Sauberkeit. Das glasklare Meer macht das Schwimmen zu einem reinen Ge-nuss, nur der Weg über Felsen ins Wasser be-reitet gelegentlich Probleme. Viele Ferienorte schaffen Abhilfe, indem sie den Zugang betonie-ren; an Naturstränden sollten Sie Badeschuhe anziehen.

Golf: Mit nur drei Golfplätzen – im sloweni-schen Lipica, bei Savudrija und auf Veli Brijun – besteht durchaus noch Ausbaupotenzial. Neue Projekte werden entwickelt.

Klettern: Immer neue Areale für Freeclimber werden gesichert und ausgewiesen. Klassiker sind der Karstabbruch beim slowenischen Osp, der venezianische Steinbruch bei Rovinj und die Felswände am Limfjord. Informationen: www.climbistria.com.

Radfahren: Ganz gleich, ob sportlich-heraus-fordernd oder entspannt – Istrien und Kvarner sind ein ideales und sehr vielseitiges Terrain

Mit spitzer Spitze stickt frau in Pag-Stadt, dem Hauptort der gleichnamigen Insel, schönste Spitze(n).

Keramikarbeiten wie hier in Grožnjan sind beliebte Souvenirs.

für Radfahrer. Genussradler finden entlang der istrischen Westküste und auf der Insel Lošinj weitgehend flach verlaufende, gut markierte Wege; das istrische Landesinnere und auch die meisten Inseln bieten hingegen mit anspruchsvollen Steigungen auch sportlichen Fahrern jede Menge Herausforderungen. Dabei kommen sowohl Rennradler als auch Mountainbike-Fahrer auf ihre Kosten. Das Internetportal www.istria-bike.com informiert Sie über Radstrecken in Istrien; ausgewählte Touren im Kvarner finden Sie auf www.kvarner.hr.

Tauchen: Taucher erwarten in den klaren Gewässern der Region zwei ganz besonders interessante Attraktionen: die noch weitgehend unberührte und artenreiche Unterwasserwelt des Brijuni-Nationalparks sowie die Möglichkeit, Schiffswracks zu betauchen. Das berühmteste Wrack ist das des im Jahr 1914 vor Rovinj versenkten Passagierdampfers Baron Gautsch.

Wandern: Im Nationalpark Risnjak, im Naturpark Učka, aber auch auf den Eilanden erschließen gut unterhaltene Wege Waldlandschaften, Inselberge oder unberührte Küstenabschnitte. Vor allem um Punat auf Krk und auf Lošinj gibt es interessante Wandermöglichkeiten.

Wassersport: Bootfahren, Wind- und Kitesurfen, Kajak oder Wasserskilift fahren, Schnorcheln – an der Küste finden Aktive viele Möglichkeiten, sich sportlich zu betätigen. In den meisten Ferienorten gibt es einen Geräteverleih.

Yoga: Hotels bieten es immer häufiger an; auch SUP-Yoga erfreut sich großer Beliebtheit.

Sprache

In Slowenien wird Slowenisch, in Kroatien das damit verwandte Kroatisch gesprochen. Zudem beherrschen alle Küstenbewohner die italienische Sprache. In beiden Ländern verstehen die meisten Angestellten der Tourismusbetriebe auch Deutsch; zur Not kann man sich in der Regel auch mit Englisch behelfen.

Telefon/Internet

Mobiltelefone ersetzen in beiden Ländern die alten Festnetzanschlüsse – deshalb gibt es auch nicht mehr viele Telefonzellen (Telefonieren mit Karte, erhältlich bei der Post oder an Zeitungskiosken). Da Slowenien und Kroatien EU-Mitglieder sind, fallen bei Telefonaten und SMS-Versand keine Roaming-Gebühren an. Das kostenfrei übertragbare Datenvolumen kann allerdings eingeschränkt sein; Infos hierzu bekommt man beim Provider. Die Abdeckung mit **WiFi** ist fast überall gut; in vielen Städten können Sie sich kostenlos ins Netz einloggen. Die meisten Hotels bieten diesen Service ebenfalls (meist gebührenfrei) an.

Zollbestimmungen

Für die Ein- und Ausfuhr von Gegenständen für den persönlichen Bedarf gelten die EU-Bestimmungen.

Geschichte

Info

ab 1000 v. Chr.: Illyrische Volksgruppen (darunter die Histrier) siedeln in Istrien und der Kvarner Region in castellieri genannten, auf Hügelkuppen errichteten Wehrdörfern.

3.–1. Jh. v. Chr.: Römische Vorstöße auf Istrien; 178 v. Chr. wird die histrische Hauptstadt Nesaticum erobert. Unter Cäsar ab 58 v. Chr. systematische Kolonisierung.

4.–9. Jh.: Nach dem Ende des Römischen Reiches gehören Istrien und die Kvarner Region abwechselnd zu Byzanz und Westrom. Mit den Völkerwanderungen gelangen slawische Slowenen und Kroaten an die Adriaküste und gründen Fürstentümer. 812 fällt Istrien an das Frankenreich.

10.–13. Jh.: Inneristrien wird vom Patriarchat Aquileia verwaltet und de facto von Adelsgeschlechtern wie den Grafen von Görz geführt; an der Küste etabliert sich Venedig.

14.–18. Jh.: Durch Erbschaft gerät Inneristrien in die Einflusssphäre des Habsburger Reiches, während die Küstenstädte unter venezianischer Ägide eine Blüte von Wirtschaft und Kultur erleben. Zahlreiche Flüchtlinge aus den türkisch besetzten Gebieten der Balkanhalbinsel siedeln sich an.

18./19. Jh.: In den Kriegswirren während der napoleonischen Eroberungen fällt die Region abwechselnd an Habsburg, Frankreich, Italien und dann wieder an Habsburg. Das k.u.k.-Reich fördert wirtschaftlich und politisch die italienischstämmigen Bewohner.

1919: Durch den Vertrag von Saint Germain wird Istrien dem Königreich Italien zugeschlagen; die Kvarner Region dem Königreich der Serben, Kroaten und Slowenen.

1945–1991/92: Nach dem Zweiten Weltkrieg vertreiben Partisanen rund 200 000 Italienischstämmige aus Istrien. Istrien und die Kvarner Region sind Teil der Föderativen Volksrepublik Jugoslawien. Mit der Unabhängigkeit Sloweniens im Jahr 1991 und Kroatiens ein Jahr später wird die Halbinsel geteilt. Erster Präsident: Franjo Tuđman (1922–1999).

1991–1995: Kroatischer Unabhängigkeitskrieg (berührt Istrien und die Kvarner Region nicht).

Bis 2015: Wechselnde Regierungen können die wirtschaftlichen Probleme nicht lösen. 2010 wird der ehemalige Regierungschef Ivo Sanader wegen Korruption verhaftet. 2013 tritt Kroatien der EU bei.

2015: Kroatien nimmt Tausende von Flüchtlingen auf, die versuchen, auf der Balkanroute Mitteleuropa zu erreichen.

2018: Die kroatische Fußballnationalmannschaft wird überraschend Vize-Weltmeister.

2022: Die Parlamentswahlen in Slowenien gewinnt die Grün-Liberale Liste von Robert Golob.

2024: In Kroatien wird die konservative Regierungspartei HDZ von Ministerpräsident Andrej Plenković wiedergewählt. Nach den tourismusschädlichen Corona-Jahren erlebt Istrien einen Touristenboom.

REGISTER

Impressum

5. Auflage 2024
© DuMont Reiseverlag, Ostfildern

Verlag: DuMont Reiseverlag, Postfach 3151, 73751 Ostfildern, Tel. 0711 450 20,
www.dumontreise.de
Geschäftsführer(in): Dr. Stephanie Mair-Huydts, Markus Schneider
Programmleitung: Andrea Wurth
Redaktion: Achim Bourmer
Text: Daniela Schetar und Friedrich Köthe
Exklusiv-Fotografie: Frank Heuer
Titelbild: Dorothea Schmid/laif (Rovinj)
Zusätzliches Bildmaterial: S. 18/19 Frank Heuer/laif, 20 l. 18/19 Frank Heuer/
laif, 21 l.o. Frank Heuer, 21 l.u. Peter Hirth/laif, 21 r. Frank Heuer, 68/69 o. Frank
Heuer/laif, 77 mauritius images/Pitopia/Karl Allgäuer, Frank Heuer/laif, 88 r. Frank
Heuer/laif, 89 r.o. Frank Heuer, 89 r.u. Frank Heuer, 93 Huber Images/Johanna
Huber, 106, 107 u. 108 Santos Beach Club, 120 Huber Images/Reinhard Schmid,
120/121 Huber Images/Franco Cogoli, 121 l.u. mauritius images/Pitopia/Bernd
Jürgens
Grafische Konzeption, Art Direktion, Layout: fpm factor product münchen
Cover Gestaltung: CYCLUS · Visuelle Kommunikation, Stuttgart
Kartografie: © MAIRDUMONT GmbH & Co. KG, Ostfildern
Kartografie Lawall (Karten für „Unsere Favoriten")
DuMont Bildarchiv: Marco-Polo-Straße 1, 73760 Ostfildern,
bildarchiv@mairdumont.com

Für die Richtigkeit der in diesem DuMont Bildatlas angegebenen Daten –
Adressen, Öffnungszeiten, Telefonnummern usw. – kann der Verlag keine Garantie
übernehmen. Nachdruck, auch auszugsweise, nur mit vorheriger Genehmigung
des Verlages. Erscheinungsweise: vierteljährlich.

Anzeigenvermarktung: MAIRDUMONT MEDIA, Tel. 0711 45 02 0,
media@mairdumont.com, http://media.mairdumont.com
Vertrieb Zeitschriftenhandel: PARTNER Medienservices GmbH,
Postfach 810420, 70521 Stuttgart, Tel. 089 31 90 62 12
Vertrieb Abonnement: Leserservice DuMont Bildatlas,
Zenit Pressevertrieb GmbH, Postfach 810640, 70523 Stuttgart,
Tel. 0711/8 26 51-265, dumontreise@zenit-presse.de
Vertrieb Buchhandel und Einzelhefte: MAIRDUMONT
GmbH & Co. KG, Marco-Polo-Straße 1, 73760 Ostfildern,
Tel. 0711 45 02 0
Reproduktionen: PPP Pre Print Partner GmbH & Co. KG, Köln

Printed in Germany

Urlaub erinnern ...

Jeder Urlaub geht einmal zu Ende. Was bleibt sind die Erinnerungen an Land und Leute, an Aromen und Düfte und an manche Kuriosität.

EIN ROBINSON-TRAUM

Eine winzige Bucht, rundum Pinienwald, ein Häuschen aus grauem Stein und davor der Kiesstrand. Wir haben dieses Robinson-Idyll tatsächlich gefunden (es gibt einige davon). Die Erinnerung an goldrote Sonnenuntergangsabende, an das nächtliche Zirpen der Zikaden, an das morgendliche Schwimmen versüßt uns die Wartezeit auf die nächste Reise.

WAS FÜR EIN AROMA!

Erinnerung geht durch den Magen, das gilt besonders für das istrische Olivenöl, das Kenner zu den besten der Welt zählen. Die autochthone Sorte Belica tut sich durch eine besonders pfeffrige Note hervor, wir ziehen sie den beliebten Cuvées vor. Denn sie transportiert wie keine andere zu Hause das Aroma Istriens, lieblich mit einem Schuss Herbheit und großem Temperament.

DIE BLOCKFREIEN AUF TITOS INSEL

Heute hat die Organisation der Blockfreien Staaten kaum mehr Gewicht. Zur Zeit des Kalten Kriegs aber spielte sie eine wichtige Rolle. Warum uns das an Istrien erinnert? Veli Brijun, die größte Insel des Brijuni-Archipels, diente dem jugoslawischen Staatschef Josip Broz Tito ab 1947 als Sommerresidenz; hier besiegelten Tito, Indiens Präsident Nehru und Ägyptens Nasser 1956 die Gründung der Blockfreien. Ein wichtiger Beitrag zur Entspannung.

STEINE IM GLAS

Was ist das schönste an Fels- und Kiesstränden? Glasklares Wasser! Und das Zweitschönste? Viele, viele bunte Steine. Wir sammeln sie an jedem Strand, immer nur ein paar, die auffälligsten eben. Geädert, gemasert, strahlend weiß, rostrot – keiner wie der andere ... Zu Hause erinnern sie uns in einem hübschen Glas am Fensterbrett an Istrien und das Meer.

SUPPENGEWÜRZ

Vegeta ist aus der kroatischen Küche nicht wegzudenken. Das Streugewürz mit 15% Kräuteranteil (und ebenso viel Natriumglutamat) war eine der Erfolgsstorys der sozialistischen Wirtschaft. Unsere beste Freundin liebt es. Folglich müssen wir für Nachschub sorgen, möglichst von der Vegeta Natur-Variante ohne Farbstoff und Geschmacksverstärker.

SNEAKERS MADE IN CROATIA

Als ich die Sneakers im Schaufenster eines Schuhladens in Pula entdeckte, war ich sofort hin und weg: „Startas", lernte ich dann im Geschäft, sind eine Produktlinie der kroatischen Marke Borovo und werden von Stardesignern entworfen. Aus Canvas, bunt bedruckt, luftig, frech und dazu auch noch preiswert ... ich musste sie einfach haben. Nun verbreiten sie bei uns zu Hause schönste Urlaubsstimmung (www.startas-shoes.com).

»DER HIMMEL WAR KLAR, FAST DURCHSICHTIG BLAU, ... AUF DEN KURZEN, KRAUSEN WELLEN TANZTEN DIE SCHAUMKRONEN.« Ruth Cerha

EINE GESCHICHTE VOM WIND

„Um halb acht bin ich oft am Hafen, weil ich gerne Fisch esse, und um diese Zeit kommen die Fischer mit ihrem Morgenfang zurück ... Ich liebe den Geruch der rohen, frisch gefangenen Fische und die Gespräche, die ich mit den Fischern führe.

So klein heute, die Brassen?

Nicht klein, schön! Gute Brassen!

Ich brauche aber größere als diese hier.

Sind ein bisschen kleiner vielleicht, aber dafür ganz zart.

Aber ich bekomme Männer zu Besuch, große Männer!

Dann machst du mehr Kartoffeln." Zugegeben, das Buch ist manchmal etwas kitschig. Die Geschichte, die Ruth Cerha erzählt, klingt nach „erfolgreiche, verwöhnte Journalistin findet auf archaischer Insel zu sich". Doch diese (namenlose) Insel in der Kvarner Bucht beschreibt sie so authentisch, ganz ohne falsche Romantik und mit so präziser Beobachtungsgabe, dass man ihren Roman „Bora: Eine Geschichte vom Wind" geradezu verschlingt (Frankfurter Verlagsanstalt).

ČEVAPČIĆI

Die würzigen Hackfleischwürstchen verbinden nach wie vor die meisten Menschen mit kroatischem Essen, dabei stammen sie aus Serbien oder Bosnien. Trotzdem, mindestens einmal muss es sein: In einem einfachen Lokal Čevapčići bestellen, dazu rohe Zwiebeln, die Paprikapaste Ajvar, Weißbrot, Hauswein – und genießen.

ROHER FISCH

Egal ob man's Sushi, Sashimi oder Ceviche nennt – marinierter, roher Fisch ist der Renner in den Feinschmeckerlokalen Istriens. Wenn uns der Sinn danach steht, gehen wir zu „Damir & Ornella" in Novigrad. Die haben Fisch schon roh serviert, als kaum jemand davon gehört hatte. Wolfsbarsch in feinstem Olivenöl und mit Fleur de Sel, alles aus Istrien, bleibt für unsere Gaumen unvergesslich.

PORTO PORTUGAL NORDEN

Die Schöne am Douro
Lange im Schatten Lissabons hat sich Porto in den letzten Jahren in der ersten Riege der weltweiten Topreiseziele einen Platz gesichert. Und das zu Recht! Sehen Sie selbst!

Mittelalter live
Abseits der Küsten scheint in Nordportugal die Zeit still zu stehen – ein Besuch in den „historischen Dörfern" zwischen Coimbra und Porto ist ein besonderes Erlebnis.

OSTSEEKÜSTE MECK-POMM

Im Zeichen der Hanse
Wir stellen die Stadtschönheiten Rostock, Stralsund, Wismar, Greifswald und Anklam mit ihren Sehenswürdigkeiten ausführlich vor.

Strände ohne Ende …
… und für jeden Geschmack mit guter Infrastruktur oder ganz naturbelassen. Finden Sie mit Hilfe des DuMont Bildatlas Ihr persönliches Strandparadies.

www.dumontreise.de

LIEFERBARE AUSGABEN